Catcher

一如《麥田捕手》的主角，
我們站在危險的崖邊，
抓住每一個跑向懸崖的孩子。
Catcher，是對孩子的一生守護。

王意中
心理師

爸媽忘記教我的事？

愛朋友也愛自己，教孩子受用一生的人際力

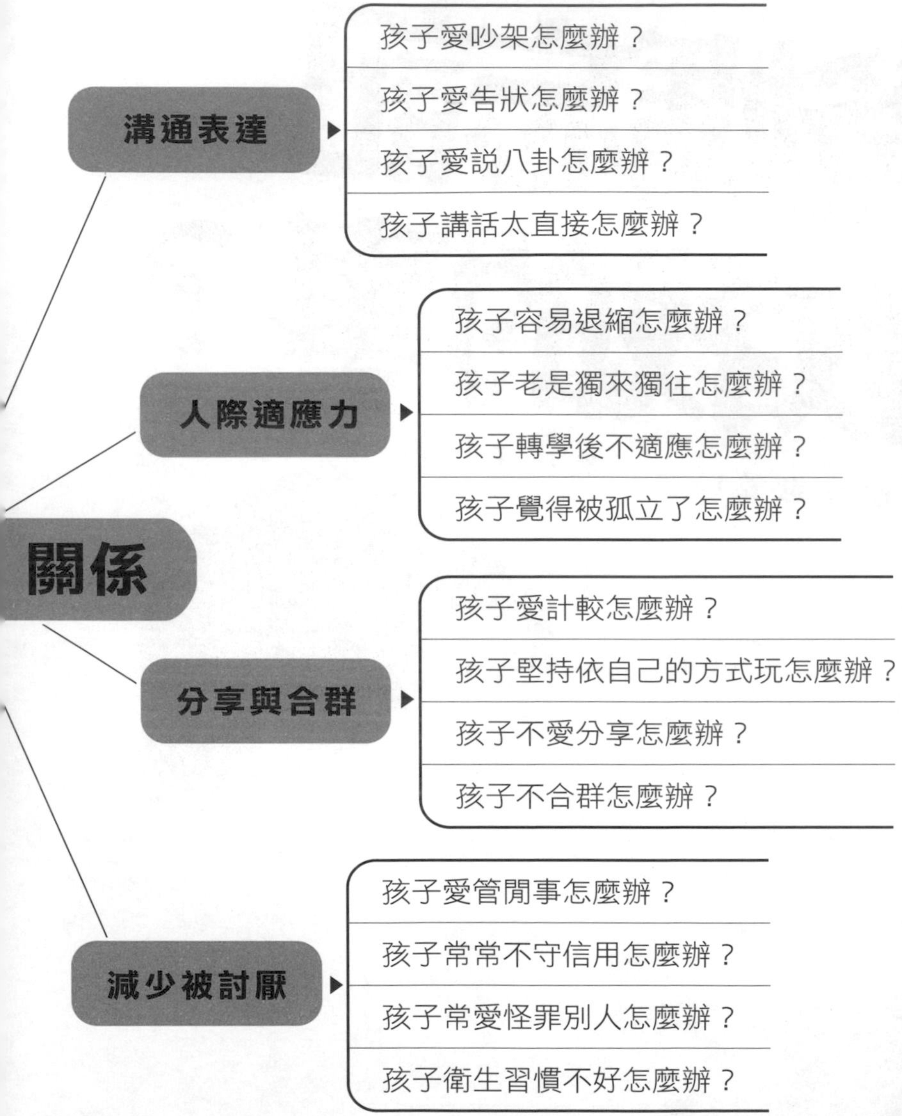

關係

溝通表達

- 孩子愛吵架怎麼辦？
- 孩子愛告狀怎麼辦？
- 孩子愛說八卦怎麼辦？
- 孩子講話太直接怎麼辦？

人際適應力

- 孩子容易退縮怎麼辦？
- 孩子老是獨來獨往怎麼辦？
- 孩子轉學後不適應怎麼辦？
- 孩子覺得被孤立了怎麼辦？

分享與合群

- 孩子愛計較怎麼辦？
- 孩子堅持依自己的方式玩怎麼辦？
- 孩子不愛分享怎麼辦？
- 孩子不合群怎麼辦？

減少被討厭

- 孩子愛管閒事怎麼辦？
- 孩子常常不守信用怎麼辦？
- 孩子常愛怪罪別人怎麼辦？
- 孩子衛生習慣不好怎麼辦？

人際

減少委屈

- 如何讓孩子學會拒絕？
- 孩子容易被指使怎麼辦？
- 孩子被栽贓了怎麼辦？
- 孩子的意見不被採納怎麼辦？

減少討好與衝突

- 孩子一心期待給朋友好印象？
- 孩子傾向用物質來建立友誼？
- 孩子有死對頭怎麼辦？
- 孩子愛用暴力怎麼辦？

維持好關係

- 孩子和朋友分手了？
- 孩子透露了太多隱私怎麼辦？
- 孩子面對小圈圈時怎麼辦？
- 孩子交了網友怎麼辦？

遠離霸凌

- 孩子霸凌同儕怎麼辦？
- 孩子遭受了霸凌怎麼辦？
- 孩子目睹霸凌怎麼辦？
- 網路霸凌停看聽

爸媽忘記教我的事？

愛朋友也愛自己，教孩子受用一生的人際力

目錄

爸媽忘記教我的事？

愛朋友也愛自己，教孩子受用一生的人際力

目錄

建立美妙人際關係的180個祕訣指南

【溝通表達】

【推薦序】

人際力——健康心靈的生存之道

文◎彭菊仙（暢銷親子書作家）

咱家二兒子六下時跟我分享了班上的人際問題。

他說班上出現了一批說話很酷、喜歡嗆人、講話愛帶髒字的同學，他不是很欣賞，但偏偏這群同學如龍捲風一般，越捲越多人，有的功課好，有的體育好，有的才藝好，因此凝聚成班上的「主流派」。

為了保護自己，孩子說，即使他極不欣賞這派作風，但為了不被邊緣化，他仍舊選擇西瓜肏大邊。

「馬麻，我覺得我目前沒有能力改變他們嘛，但為了保護自己，這是我的唯一選擇啊。」

從孩子面對越來越複雜的人際關係後，便自動覺悟起「明哲保身」的生存之道。四年級么子最近也跟我說，班上有幾個主導性強的男生喜歡玩「戳鳥遊戲」（用手去戳男生的鳥鳥），他覺得很低級，非常不喜歡，但是他知道他若是疾言厲色，好朋友一定翻臉。

「所以我用手臂在身體前比一個大叉叉，但是我都笑嘻嘻的，所以他們都不會生氣，但他們也碰不到我！這招不錯！」

三個兒子跟我的感情一直很親密，所以天天都會聽他們跟我分享班上各種光怪陸離的人際現象。二兒子今年升上國中，說班上有一個數理天才，但是人緣很差，不是因為太驕傲，太自以為是，而是——太有禮貌。

這是什麼怪答案？禮貌，不是維繫人際關係的基本要素嗎？

「馬麻，拜託啦，他每一句話都是『請、謝謝、對不起』，上國中後同學都喜歡酷酷的說話，大家都不知道怎麼跟他講話了，時間久了，就沒人想理他！」

老大上國中後也曾吃過一些人際苦頭，比如說話太直，不懂得隱藏光芒，所以弟弟一上國中，他便和弟弟曉以大義：

上課不要沒事一直舉手發問，太愛現，會被人扁；靠近主流派，不要落單；

有時要酷一點，不然會被人笑「娘炮」；說話不要太直接，會被圍攻，會被嗆……

由孩子的對話可以看出，維持好的人際關係對他們來說是何等重要，他們雖然會自我歸納出最適合的生存之道，但卻未必能明辨是非善惡；或是，即使心中有道德意識，卻缺乏發揮道德勇氣的技巧。

因此，隨著孩子從中年級、高年級到中學，原本一個人際上的小小缺口可能便慢慢惡化成霸凌現象，或者累積成一個苦悶孩子精神上的重大挫傷，阻絕了許多本質良善的孩子擁抱和諧自在生命的通路。

看完意中心理師這本書，以上的問題我都得到了完整的解答，因為書中解析了所有孩子面臨的各種人際問題：如何溝通表達，以減少得罪別人、造成誤解或是爭執？如何選擇朋友，結交朋友的技巧？如何讓孩子不被討厭，不容易成為被指使的對象？不被孤立，不退縮，不霸道？如何在班上的小圈圈裡得到歸屬感以及避免圈圈與圈圈之間的對立？

孩子的心靈健康甚於一切，而健康的心靈必根基於擁有愛人與被愛的能力，在團體中擁有飽滿的歸屬感，圓融而不挫敗的人際關係。

不論你的孩子有無面臨人際的難題，我極力推薦您從這本書來理解一個健康孩子應該有的人際面貌。

【自序】

讓孩子優游在美妙的人際關係裡

在演講的場合，我常常與父母和老師分享這個比喻：假設在我們的教育制度裡，有六個空瓶子，分別標示著國、英、數、情緒管理、專注力與人際關係，我們會發現孩子從幼兒園，一路往國小、國中、高中到大學，總是不斷地被教著國、英、數，但情緒管理、專注力與人際關係卻很少被碰觸。

特別是人際關係，可說充滿了動態與變數。眼前一張數學評量不會，一個禮拜、一個月、一學期，它還是靜靜地躺在那裡，等待你學習。然而人際關係複雜的是，今天對方答應和你一起玩，但並不表示明天你找他，他就仍然會答應。

請仔細想想，這些年，我們對於孩子在人際關係上曾經使過多少力？傳授給孩子什麼樣的武功？如果在成長過程中，我們又沒有給予一臂之力，那麼孩子又如何能夠順利結交朋友，發展出正向的友誼關係？

在臨床實務上，可以確定一件事，當孩子在學校沒有朋友，或總是與人發生衝突、被排擠、被疏離，人際情感沒有被滿足，那麼他們的情緒一定容易陷入負面的漩渦裡，很難脫困；同時，在學習表現與校園適應上，也會逐漸土石滑落，甚至於走山、崩塌。

在《爸媽忘記教我的事？——愛朋友也愛自己，教孩子受用一生的人際力》這本書裡，我將和你分享提升孩子人際關係裡的八大關鍵領域與教養祕訣。包括：①溝通表達、②人際適應力、③分享與合群、④減少被討厭、⑤減少委屈、⑥減少討好與衝突、⑦維持好關係、⑧遠離霸凌。透過大人的協助與引導，讓孩子可以優游在美妙的人際關係裡。

感謝寶瓶文化朱亞君社長兼總編輯的支持與愛護，讓我能將多年來在兒童青少年心理諮商與治療的專業及臨床實務，透過文字、化為書本，與讀者進行更多元、更完整、更深刻的分享。

謹將此書獻給我親愛的老媽、老婆與姵涵、翔立、涵立三好米寶貝，因為你們的陪伴，讓我的生命更飽滿、豐富，在蘭陽平原上。

人際關係第1招

溝通表達

非學不可之溝通表達

說話，是人與人之間最直接的溝通表達方式，卻不是孩子所擅長的事。

好的溝通表達能力，能將訊息清楚地傳遞給對方，使彼此更加了解，同時拉近朋友關係間的「心」距離。

然而，有些孩子總是容易在溝通表達上踢到鐵板、猛踩地雷，在人與人之間不斷地上演衝突、製造碰撞，甚至於因此產生關係上的裂痕。例如愛吵架、愛告狀、愛聊八卦或者講話太直接，都是容易壞了人際關係的常見互動模式。

孩子之間的吵架很自然，幸運一點的，甚至於不吵不相識。但是，當吵架已成為孩子家常便飯的固定模式，動不動就吵架，在人群裡多少也容易將彼此的關係給吵焦了、吵壞了、吵過熱，甚至吵出了裂痕。

愛告狀、好打小報告，聽信流言、愛聊八卦，也總容易在旁人心中留下不好的刻板印象，使人厭惡，避之唯恐不及。同時，旁人也容易設防，築起高牆，以免自己成為下一個被告、被說的主角和對象。

當孩子講話不修飾、太過於坦白而直接，看似無心機，卻是忽略了當事人的感受。在直來直往的說話力道中，少了同理，也很容易傷到對方。只是，就怕說的孩子缺乏自我覺察而不自知。

非學不可之溝通表達，讓孩子學習修正、微調及轉換原先的溝通方式。要吵就吵出道理，吵出好感情，吵出好關係。也讓孩子覺察，牽動自己告狀行為的內心世界到底是怎麼一回事。同時，在「告知」與「告狀」之間學習取得平衡點。將愛說八卦轉為貼心的關注，發揮傾聽與維護好信任關係。協助孩子在說話的截彎取直中，拿捏適度的分際，以預防不必要的人際潰堤，而壞了關係。

問題一
孩子愛吵架怎麼辦？

「ㄟ，死胖子阿梁，不要晾在那邊，身體這麼龐大，幹嘛擋住交通要道？」

「可惡的小沫，你竟然說我是死胖子。我就是偏偏不讓開，看你要怎麼樣？」

「讓開喔！不然我可是會把你打扁喲。」

「來啊！來啊！來打啊！」阿梁捲起了袖子。「你以為我不敢打嗎？」

聽到這句話，一旁的品彥噗哧笑了出來。

「哎喲！拜託，小沫，你只會出一張嘴而已，我就不相信你真的敢對阿梁動手。」

小沫摸摸鼻子，心不甘情不願地走開。

沒多久，又傳來他和陸又琦吵架的聲音。

「麋鹿，坐過去一點啦！幹嘛把桌子靠得這麼近，我又不想跟你相親相愛。」

「小沫，你幹嘛亂叫我名字？」

「拜託，你本來就是麋鹿啊！而且還是聖誕節會迷路的麋鹿哩！」

「你再說一次！」

「嗯，就是那個叮叮噹、叮叮噹、鈴聲多響亮的聖誕節麋鹿啊！」

「可惡！你這口沫橫飛的死小沫！」

「你說什麼？」

「我說你這・口・沫・橫・飛・的・死・小・沫！」又琦不甘示弱地一個字一個字回嗆。

「品彥，明明是我先說要擦黑板，你負責拖地的，幹嘛搶了我的事情做？反正我不管啦，我就是要擦黑板。雖然你雞婆先擦了，我也不會幫你拖地。」小沫若無其事地拿起板擦拍了拍。

「ㄟ，小沫你態度很不好耶！你什麼時候說過要先擦的？更何況打掃工作本來就分配好的。

「是你記性差，我本來就有說過。」

「拜託，你這個愛罵人的傢伙，你的記性又有多好？」

「比你好多了！你不想想自己的國語都考幾分？不就是記性差嗎？」

小沫逢人就愛吵架，一副尖酸刻薄、得理不饒人的德性，不僅是班上同學公認的厭惡對象，甚至於醜名遠播到整個六年級。

沒有人喜歡和小沫在一起，但他似乎也不以為意。反正，每節下課都有人可以吵架，他也樂此不疲。

「我看啊，我們都落入小沫的陷阱了。阿梁、又琦，你們不覺得小沫老是愛找人吵架，結果我們不知不覺陪著他演起戲來，浪費了我們多少時間，還讓他以為隨時都有人在和他抬槓。結果咧？害我們被惹毛了，他卻顯得逍遙自在。我在想，如果今天都沒有人和他對唱、對罵、對吵，小沫會不會比較收斂一點？」品彥有所頓悟地說。

溝通表達的祕訣指南

祕訣001

了解吵架的用意

孩子之間的吵架很自然，但頻率太高、過程太凶、吵完傷害太大，對於人際關係鐵定不是好事。為什麼孩子老是愛爭吵？關於吵架這回事，孩子到底想要告訴我們什麼？

不妨先引導孩子了解，在這些吵架行為背後可能存在的用意。我吵，故我在。**仔細留意孩子是否經常透過吵架的方式，來尋求他人對自己的注意，感受自己在團體中的存在感。**

例如這麼說：「小沫，媽媽在想，每回在教室裡和同學吵架，是否讓你有一種被看見、被注意、被關注的感覺？越吵，越讓自己感到有人作伴而得意。」

祕訣002

尋找替代方式

孩子愛吵架，有時也透露著一個訊息：雖然吵架是孩子擅長的，但也可能是他唯一的功夫。

試著想想，孩子是否缺乏解決問題的其他模式？**引導孩子自我覺察除了吵架之外，自己是否能夠想出新花樣，來做為解決人際衝突的替代方式。**

例如：當阿粱擋在走道上，自己乾脆從另一邊繞過去；或對著又琦微笑，以手勢請她將桌子稍作移動；對於和品彥打掃的爭議，委請衛生股長來裁示等。

讓孩子知道，除了吵架之外，聰明的他，一定可以腦力激盪出許多的方法。

祕訣
003

轉換說話方式

當你發現孩子總是「先吵為強」，用吵架來發動人際互動的攻勢時，為了避免這樣的傾向讓孩子在團體中被烙上負面的刻板印象，建議在啟動社交互動上，**引導孩子轉換說話的方式。**

例如：

「阿梁，不好意思，請借過一下。」

「又琦，我這邊有點擠，是否能請你稍微挪一下桌子？謝謝。」

「品彥，謝謝你先擦了黑板，這次是否你也可以先負責拖地？下回就輪流，換我做這兩件事。」

換個方式說，心平氣和地說，對方接受你提議的機率也會多一些。

祕訣
004

吵出一番道理

對於某些孩子來說，吵架是一種捍衛權利的方式。如果能夠吵出一番道理、說服對方，未嘗不是件好事。

例如：「品彥，上午我們在協調打掃工作時，衛生股長也在一旁，我想他應該能夠作證，有聽到我負責擦黑板、你負責拖地的事。」

只是，在吵的過程中，要注意如何將摻雜的負向情緒成分降至最低，少鹽、少油、少辣般地減少生氣、憤怒和激動。**試著以較為平緩的語氣，一字一句清楚傳達自己的意思，使對方能夠接受而妥協。**

祕訣
005

檢視吵架的損益報表

孩子愛吵架，有時換來的是自我感覺良好，因為自己吵遍天下無敵手，逢吵必贏。但請仔細地和孩子分享，自己所謂的「贏」，指的是什麼？是逞一時口舌之快，自覺把對方壓制獲勝？還是在愛吵架之外，其實也把朋友與同學得罪光光了？

引導孩子檢視每回吵架後，對於自己人際關係的損益影響：吵完了架，結果換來的是什麼？例如是否換來鬱悶的心情？或占了便宜之後，把責任推開？或吵完架後，朋友離自己越來越遠？或者越來越不喜歡自己的模樣？

想想，吵完之後，彼此還是朋友嗎？

祕訣006

選擇掉頭就走

人際關係是一場相互的歷程。為了有效降低孩子吵架的頻率，被吵的那一方選擇如何回應，其實也影響了老是愛吵架的孩子的「負向行為」是否被強化。

「ㄟ，死胖子，不要晾在……」在小沫話還沒說完之前，選擇掉頭就走，不隨之起舞。**吵架失去對手，就像一拳打在繡花枕頭上，沒有感覺。**讓孩子知道沒有人想要和他吵架，使他知難而退（謎之音：懶得理你）。

問題二
孩子愛告狀怎麼辦？

「老師，林青宏把鞋子脫下來，襪子好臭好臭喔！」

「方仁豪，我脫鞋子關你什麼事？老愛打小報告，無聊！」

「你們兩個在吵什麼吵？林青宏，把鞋子穿上！」

「老師，可是我的鞋子濕掉了，穿著很不舒服耶！」

「我們聞你的臭腳丫更不舒服！」

林青宏鼓脹著臉怒視方仁豪，因為這已經不是他今天第一次告狀了。

「老師，劉小茹昨天的數學講義沒有寫，現在才在補！」「老師，邱文山和王逸到現在還沒有進教室！」「老師，昨天有人便當盒沒有帶回家洗！」「老師……」

「方仁豪，你有完沒完啊？老師來、老師去，乾脆你以後去當老師算了！被你教到的學生算倒了八輩子楣！」林青宏突然站起來，拉大嗓門叫囂著。這突兀的反應讓數學老師嚇了一大跳，也因而為他帶來了連續兩節不准下課的下場。

「哈！活該，不能下課，誰叫你愛罵人，活該！」方仁豪刻意走向林青宏的座位旁，酸了他一頓，隨後搖搖擺擺地往教室外走去。這模樣讓林青宏更是咬牙切齒，但還是得忍住。

當然，除了林青宏之外，班上只要是被告狀過的，對方仁豪都沒有什麼好印象。只是，同學們的厭惡反應似乎也衝擊不到方仁豪。除非是遇到老師要求班上同學自行找人分組，這時他才會踢到被拒絕的鐵板。

只是，看似一副無所謂的方仁豪，下課出了教室後，大多數時間也只是一個人在操場邊閒晃，或在籃球場邊逗留看別班的同學比賽鬥牛。

他和班上同學也沒有什麼交集，除非是向老師告狀、打小報告，和同學你一言、我一語地互相衝突起來，才多少有了些關係——無論是好關係，還是壞關係。

然而，導師對於方仁豪的愛打小報告也很頭痛。他沒有一次是誣告，同學們的確大多有他說的狀況。只是，每回上課只要他一告狀，教學節奏就被打斷，更棘手的是，又得花一些時間來化解同學與他對立的氣氛。這一折騰，一堂四十分鐘的課，往往就耗掉了十到十五分鐘的時間在應付，而讓自己不停地在趕課程進度。

「唉！這該如何是好？面對告狀，理還是不理？」

溝通表達的祕訣指南

祕訣 007

回應的藝術

孩子愛告狀，其實正考驗著大人的回應藝術。如同臉書私訊的已讀、未回，你也可以秉持如此的因應態度。

當孩子來到你的跟前告狀，**你可以選擇微笑、點頭回應，讓他知道你已經知道此訊息。僅此就好，不立即對告狀內容進行處理。**

這麼做的目的，在於降低對於孩子告狀行為的強化。同時，也能夠讓老師自行決定處理的時間點，維持自己當下的教學節奏而不被影響。

祕訣 008

反問期待的處理方式

當然，對於你已讀、未回的反應，當下孩子可能會催促你，並質疑：「老師，為什麼我跟你說林青宏脫鞋子，劉小茹沒有寫數學講義，邱文山和王逸沒有進教室，你都沒有處理？」

這時，你可以沉穩地反問孩子：「仁豪，你已經告訴我了，所以呢？」

孩子可能回應：「你要馬上處理啊！」

此時，你的優雅回應很重要：「謝謝你，老師知道什麼時候該處理。」

若告狀的孩子補上一句：「他們應該被處罰。」

這時，你可以看著他，緩緩回問：**「那你認為老師應該如何處罰？」**

祕訣009

推動告狀背後的那隻手

常常，我們得靜下來思考，是什麼樣的力量推動著孩子愛告狀而樂此不疲？背後的那隻手，以及可能存在的誘因，每個孩子都不盡相同。面對眼前這個孩子，我們必須找出愛告狀的癥結點。

要找出這癥結點，需要秉持柯南辦案的精神，**帶著敏銳的放大鏡仔細深究孩子的內心世界。**

「是什麼樣的想法，讓你這麼積極地向老師報告？」

「你這麼做，真正想要告訴老師的是？……」

當然，說話不是孩子擅長的，他也不見得會配合、回應你的提問；或許，連他自己都迷失在告狀的迷霧裡而不自知。因此，你需要更多的線索來推敲，協助孩子了解告狀背後的因素，以找出告狀行為的癥結點，做為後續處理的參考指標。

秘訣 010

鎂光燈的注意

有些孩子有「被注意」的需求。而主動出擊、好打小報告與愛告狀正是捷徑，使他能夠快速抵達被注意到的境界——特別是獲得你的注意。

如果你有如此的假設，或許可以試著發出探詢的訊號彈。

「仁豪，老師在想，或許你很期待能被老師關心、注意，所以才讓你選擇不斷地告狀？」

若孩子的確有如此的傾向，我們可以試著調整鎂光燈的注視角度。**平時主動將注意力聚焦在孩子自發性的好表現上，以取代他以告狀做為獲取注意力的方式。**

告狀出沒！注意，你的關注要比孩子的告狀快一步。

秘訣 011

在嫉妒與羨慕之間拉扯

要降低孩子的告狀頻率，需要讓他覺察在這樣的行為前後與當下的情緒感受。

尤其是嫉妒與羨慕，對孩子的告狀行為往往有著關鍵性的影響。嫉妒什麼？又為何羨慕？孩子是否存在著其他的想法？這些都需要依靠和孩子相處的經驗值，來決定我們能否真實反映他的感受，並進一步幫孩子把話說出來。

例如：「仁豪，我想你應該是滿羨慕邱文山和王逸，平時兩個人可以像哥兒們般，下課就一起跑出去玩耍。因此，你才會來跟老師報告他們還沒有進教室這件事。」

在想改善孩子的告狀行為之前，同理及反映他當下的情緒是很關鍵的一把啟動鑰匙。

你需要感受，你需要猜測。偶爾猜錯無妨，但能夠真實地反映孩子的情緒，會讓他感受到你對他的了解。

祕訣012

將告狀轉為告知

當孩子發現周遭發生了一些事情時，到底需不需要跟父母或老師講？

我想，答案應避免陷入「可以」或「不可以」這種二分法的兩極模式。告狀，不是不能說，而是可以**讓孩子練習如何說、如何選擇適切的時間點說，以及在什麼樣**

的情境說，而讓被告狀的人心悅誠服，也就是——將告狀轉為告知。

「什麼？被告狀的人還能心悅誠服？」你可能不解地搔著頭問。沒錯，如果今天能夠引導告狀的孩子，在陳述的過程中，是基於對方立場的考量，而不是只掀對方的錯誤，那狀況會好很多。例如：「老師，邱文山和王逸沒有進教室，我擔心他們忘了注意上課的時間，等會可能少了參與分組討論的機會。」當孩子這麼說時，就是已經漸漸將「告狀」轉為「告知」的模式了。

問題三
孩子愛說八卦怎麼辦?

「阿芳,我跟你說,但是請你要守住祕密,不要說出去喔!」小斯在阿芳的耳邊竊竊私語。「你知道嗎?原來玟玟喜歡的不是阿煌,而是在暗戀隔壁班的趙子軒喲。」

「小斯,你怎麼會知道?難道是玟玟告訴你的?還是你私底下對人家暗中調查?」

「哎喲,當然是玟玟告訴我的啊!我哪有那個閒工夫當徵信社,而且她還叫我要守住祕密,不能說出去。」小斯洋洋自得地露出笑意。

「拜託,玟玟不是叫你不要說?那你幹嘛告訴我?你不怕她知道了會生氣不理你?」

「哎喲,當然因為你是好朋友,我才跟你說啊!更何況你又不會說出去,不是嗎?而且你不是也愛聽八卦嗎?」

「什麼我愛聽八卦？你才嘴巴大，愛說八卦咧！」

「好啦！好啦！都好，反正這件事就你、我和玟玟三個人知道總行吧？還有，我跟你說喲，原來阿煌和趙子軒還是補習班的好麻吉耶！」

「你怎麼連這個都知道？」

「拜託，當然是玟玟告訴我的啊！我一直在想，如果阿煌知道玟玟喜歡的不是他，而是他的好哥兒們，那他會不會氣瘋掉？」

「你只要不再傳出去就好，我的大嘴巴小斯！到時候，他們三個人之間如果出了什麼狀況，玟玟就會唯你是問了，懂嗎？」

「ㄟ，拜託，我怎麼可能說出去？」

「啊，不然你現在是在和誰說話？」

「哎喲，我剛剛不是跟你說，因為你是好朋友，我才跟你分享啊！」

「還在拗，八卦就八卦，還分享咧！我一直很好奇，你的大嘴巴是班上有名，甚至於經過認證的，玟玟怎麼會把感情的祕密跟你說？這不是自找麻煩嗎？更何況，趙子軒就在隔壁教室，依你的放送功力，要傳到他們班可是４Ｇ高速飆網就過去了。」

「世界越快，心，則慢。」阿芳故意模仿起金城武的說話調調調侃小斯。「不要忘了，感情是很複雜的，更何況是人家之間的喜歡和暗戀。我想，玟玟應該是很信任你，把你當成朋友才願意和你說。小斯，你偷偷告訴我就算了。但是，請珍惜和玟玟的這份友誼，試著學習保守人家的祕密與隱私，這樣比較有道德啦！」

阿芳像個精神導師般，奉勸著常愛播送八卦的小斯。

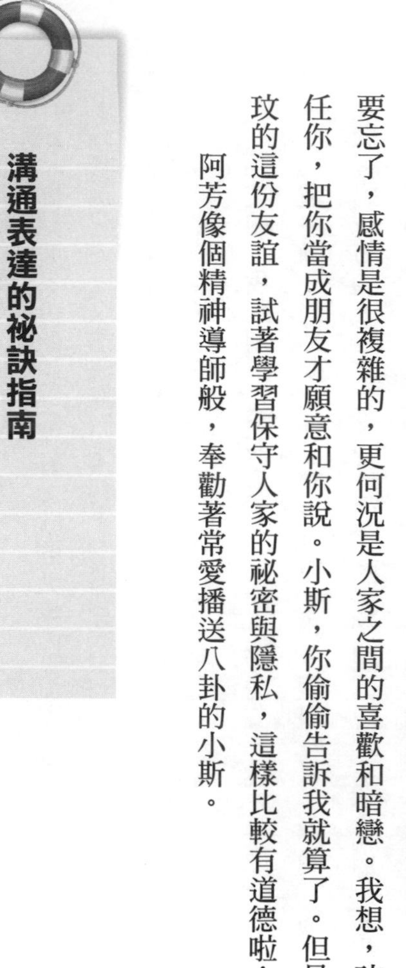

溝通表達的祕訣指南

祕訣013 八卦，到此為止

祕訣014 小心八卦的糖分吸引

祕訣015 八卦的後座力

祕訣016 轉換分享與探索

祕訣017 思考沒有八卦的自己

祕訣018 珍惜傾聽與信任

秘訣013

八卦，到此為止

八卦，很容易像病毒一般瞬時擴散，讓當事人像小蟲般陷入複雜的蜘蛛網，而難以脫逃。應讓孩子了解：**雖然我們無法控制對方要不要說八卦，但我們可以選擇聽或不聽；聽了之後，自己要有能力決定想不想變成另一個八卦傳播者。**

聽到之後，不再傳送，需要很強的自我約束力，同時也需要能夠感受被八卦的對象可能面對的惡劣情緒，及難以脫困的挫折。

八卦，到此為止。不妨引導孩子如此想像：

當聽到八卦之後，資料進入你的腦海，二十四小時後系統會自動刪除。同時，你的說話門禁系統森嚴，除了有層層密碼防守，還有刷卡感應及指紋辨識系統管制。門口的警衛盡忠職守，不容八卦內容從自己口中說出。

秘訣014

小心八卦的糖分吸引

自己愛說八卦、別人愛聽八卦，很容易讓孩子感受到說者與聽者彼此是「同一掛」，有一種類似小圈圈或死黨竊竊私語的親密感。八卦對於友誼的黏性超乎孩子的想像，當然也很容易讓說的人樂此不疲，繼續散布八卦的小道消息。

「小斯，我可以感覺到你的欣喜、愉悅，特別是當阿芳願意聆聽你談玟玟的祕密與八卦時，那種被關注、接受的感覺，應該是你夢寐以求的。」**引導孩子自我覺察，是否透過說八卦來滿足自己被接納、被認同的人際歸屬需求。**

秘訣 015

八卦的後座力

孩子很容易初嚐說八卦所帶來的甜頭，卻往往忽略了八卦所產生的後座力——朋友對你的信任感盡失！**當孩子的八卦之口很容易鬆動時，更需要讓他知道隨之而來的這種強烈後座力。**

有時要讓孩子有感覺、明白後果的嚴重性，需要讓他感受到這畫面：

「小斯，你可以想像因為你的八卦，玟玟決定和你斷交，從此不再和你說話。同時，班上的同學也發現你的大嘴巴，深怕自己是下一個受害者，而和你漸行漸遠。你會突然發現，在你身旁連一個知心朋友也沒有，有種被排擠、被疏離的孤單感覺。這樣的結局，你要嗎？」

祕訣016

轉換分享與探索

試著引導孩子將說八卦轉換到較具正向能量的特質：好奇、探索與分享。

「小斯，我發現你對於日常生活中的人、事、物很容易激起好奇心，同時也很願意進一步去了解、探索，這是很棒的一件事。如果你分享的這些事，對於被說的人——你關注的主角，因為你的傳送而能夠換來正向的力量，讓對方感受更好，同時也為對方加分的話，那這八卦就有它的積極意義喲！」

祕訣017

思考沒有八卦的自己

當孩子不再愛說八卦、少說八卦了，那麼，他將看見怎樣的自己？**孩子需要被引導並理解，在看見自己與愛說八卦之間的那種盤根錯節的情結。**這是一段認識自我的旅程。

「小斯，當你不說八卦了，是否會讓你若有所失，不知道接下來該如何與朋友互動？沒有了其他的話題，是否讓你的生活失去了重心？或是少了那一點點樂趣？」

這些提問像一顆顆小石頭般，得**輕輕地**投向孩子那不曾思索的八卦池塘，激起一些漣漪，讓孩子有機會自我檢視——愛說八卦的內在自己。

祕訣 018

珍惜傾聽與信任

讓孩子知道，當朋友願意將祕密告訴自己，並希望他守住這個祕密時，主要是來自於他所具備的兩個關鍵力量：傾聽與被信任。

試著放大這兩件事，**幫助孩子知道當自己願意傾聽，讓對方感受到了被支持、被了解、被尊重與被接納**。

「所以，小斯，你應該為自己的真誠傾聽掌聲鼓勵鼓勵。同時別忘了，也因為玟玟信任你，她才會把自己的心事向你傾訴，因此，請多多珍惜這份得之不易的關係。」

傾聽需要時時滋養，信任需要時時維護。拒絕八卦，朋友關係就越能根深柢固。

問題四
孩子講話太直接怎麼辦？

「哇！好粗的兩條白蘿蔔，你這麼胖還敢穿短裙來學校，真是笑死人了！我看你該減肥了啦！」小浦指著春滿的腿說，同時手扠腰狂笑不已，只見被他嘲笑的春滿尷尬得漲紅了臉。

沒錯，春滿的體型與班上的其他同學相較是大了一號，媽媽也總是提醒她平時少吃一些。沒錯，她的確非常喜歡穿著短裙及雪白的長襪上學。沒錯，小浦說的似乎都沒錯，但是，這些太直接的話語，聽在春滿的耳中就是非常不舒服。

春滿有些不知所措地杵在原地。說真的，她很想用力反擊，但在她還想不到該如何回應時，小浦緊接著又送上一波波實話。

「ＢＭＩ？你有沒有聽過ＢＭＩ？Body Mass Index，身體質量指數。」小浦流暢又自信地念起了英文。

春滿似懂非懂，雖然似乎曾聽爸媽聊起過這很像ＩＢＭ的ＢＭＩ，但重點不在ＢＭＩ三個字，而是小浦在說了一串計算公式之後，最後點到的「輕度肥胖：27≦BMI＜30」中，「肥胖」這兩個字。

春滿感到一股惱羞成怒衝上心頭。但總是有話直說的小浦似乎並未感受到她的氣憤。「春滿，我是看在你是我的同班同學，為你好，才認真跟你說喲！」

「沒錯，小浦你真的是很‧認‧真。」春滿雙手垂下握著拳，心想：「為我好？但你說得太‧認‧真了，我根本一點都不想聽！」

「我媽媽說平時要少油、少鹽、少糖，營養要均衡……」小浦說得頭頭是道，意猶未盡，但春滿聽著聽著終於忍無可忍，拉高嗓門嚷著：「林小浦！你給我閉嘴！不要再說了！」還好，走廊上沒有其他人，不然春滿真的想挖個洞、蒙著頭，整個人躲起來。

小浦不認為自己說錯話。或者應該這麼講，他的每一個字似乎都是忠於事實，也符合道理。然而，春滿已經受不了他這種說話太直白的方式。小浦在她的身材、體重、外型上做文章不是第一次了，春滿心想：「我長得胖，關你什麼事？」

面對春滿如此激動，小浦被嚇了一跳，但他還是摸不著頭緒，繼續說著：「你是吃錯什麼藥，幹嘛生這麼大的氣？我媽說易怒的情緒對身體健康會有不良影響喲！」

春滿真是感到欲哭無淚，頓時說不出話來。

溝通表達的祕訣指南

祕訣019 換個方式說
祕訣020 施與受的衡量與判斷
祕訣021 留意說話的刀
祕訣022 說話區間車──停格與覺察
祕訣023 別道人之短

祕訣019

換個方式說

忠言逆耳。有些話的確是實話，卻不容易讓聽的人接受。所以雖然是實話，但是講的人可能沒料到，這句話會在聽的人心中引起化學變化，激起對方不愉悅的情緒。

有些話是原汁原味，雖然未添加任何調味料、防腐劑和人工色素，但是，卻不一定每個人都習慣這種未經調理的生吃方式。**引導孩子把同樣的話換個方式說**，就如同善用一下烹調、料理的方法，讓聽的人對於這些話產生食慾，有著一股願意接受建議的胃口。

例如：「春滿，你應該對裙子及雪白的長襪情有獨鍾吧。或許偶爾也可以來一次長裙，我想也別有一番風味喲！」

換個方式說說看，讓接收訊息的朋友至少有意願聆聽。

祕訣020

施與受的衡量與判斷

我們常自以為說的話是為了對方好，但施與受之間的感受，並非總是一致。引導孩子思索，講這些話之前，對方是否有需求？換個方式看，這些話說出口之後，對於當事人的正面幫助是什麼？

「如果我是春滿，我會希望對方也這麼說嗎？」

「聽了這些話，我會怎麼看待對方的用意？是嘲笑揶揄？還是體貼關注？」

「而我自己期待對方怎麼說呢？」

引導孩子將自己轉換到對方的角色，換位想想，孩子將會比較清楚自己該如何措詞表達。

祕訣
021

留意說話的刀

言語有時像一把刀，沒說好，不僅傷了對方，也傷了自己。需要引導孩子覺察自己說話的這把「刀」，是否太過銳利或使力不當，以至於太用力而傷了彼此。建議你，**平常將孩子所說的話記錄下來，在白紙黑字上，與孩子字字斟酌。**

以這句：「哇！好粗的兩條白蘿蔔，你這麼胖，還敢穿短裙來學校，真是笑死人了！我看你該減肥了啦！」為例。我想，沒有人（特別是女生）喜歡自己的雙腿被形容成兩條白蘿蔔。因此，引導說這句話的小浦自我覺察，如此形容的用意是什麼？

或者在人際溝通上，提醒自己類似的話應該是不需要說的。

「你這麼胖，還敢……」如同春滿承認自己的體型，但「胖」這個字，是否需要如此直接說出？是否有別的替代詞？例如：以「豐盈」、「豐滿」修飾。同時「減肥」這兩個字，是否令對方太過於刺耳？也許磨一下說話的刀，改以「瘦身」、「塑身」來取代，聽者的感受會好一些。當然，「你還敢」、「笑死人」這些用語能免則免，多說無益。

祕訣 022

說話區間車——停格與覺察

有的孩子說話太直接，特別是一句緊接著一句像箭般射來，卻沒有留意聽的人對於這些話的反應。這種直達的講話方式，往往讓對方更加不舒服。

孩子需要練習「說話—停格—說話」，就像區間車一樣，站站停：列車長下車，在月台上查看，安全無虞，接著手劃圈圈代表ＯＫ，然後列車再繼續前進。

孩子需要被引導，在說完一句話之後，停格，留意對方的反應，以確認自己剛剛說的話是否適切、得體，進而調整接下來的說話內容。例如：小浦是否有覺察到當他講完後，春滿雙手垂下握著拳，或拉高嗓門大嚷。這些都是對方所發出的訊息，就只怕說的人完全沒有接收到。

停格，覺察對方的反應。停格，給自己有修正微調的機會。停格，讓孩子的說話避免不近人情，過於直接。

祕訣 023

別道人之短

如果要讓孩子安全地說話，最簡單的方式就是「別說對方的缺點」。若孩子太以自我為中心，有時在說話上便容易以講對方的弱點，來提升自己的信心，卻忽略了對方的感受。

要避免觸及到對方缺點的方式，最容易的做法就在於**平時多多練習說好話——看見對方的優勢、強項、值得仿效的特質和表現，而加以回饋。**孩子將發現縱使自己心直口快，但如果的的確確都是肯定對方的話，那麼人際關係很容易就會往好的方向翻轉。

人際關係第2招

人際適應力

非學不可之人際適應力

面對人群，有些孩子選擇主動趨近，有些則被動逃避。有時，孩子像熱火快炒般，很快進入互動模式。有些則需要慢火熬煮，痴痴等待。然而，孩子之間的互動關係，很容易受到第一次接觸所形成的刻板印象影響，而決定了彼此是否繼續往來。

在人群中，當孩子像是羔羊般陷在飢渴的狼群裡，而顯得害怕、焦慮、退縮或畏懼時，受制於這些負面情緒的發酵作用，將使得當事人在人際關係的互動上，很容易與他人之間形成銅牆般的阻隔。隨之而來的，就是很快地踏上受排擠、疏離與被孤立的結局。

獨來獨往的孩子，除非自得其樂，逍遙又自在，否則在「一個人」的表象下，當事人心裡總是承受著被迫獨處的無奈，以及被貼上高傲、自以為是與不好相處的標籤。孩子不時地發出「請接納、支持與關心我」的微弱訊息，但這個聲音常常淹沒在人群中，而不被聽見。

轉學，總是牽動著孩子心中適應與調適的那根線。特別是面對原班級裡已然成形的小團體，融入的挑戰與難度都自動升級。無論主動趨近或被動等待，對於轉學生來說都是人際上經常面臨的兩難困境。

在圈圈外徘徊，不得其門而入，深深感受到被孤立，對於當事人來說總是真實、強烈而難熬。想要成為同一掛、加入同一陣線，能夠和同儕天南地北閒聊、打屁都好。這樣的期待，對於某些孩子來說，卻像是面對遠在天際的月亮，是一種永遠搆不到的無奈。

非學不可之人際適應力，找出焦慮的壓力源，讓夥伴成為孩子的安心劑，再逐步微調適應力。協助孩子走出「一個人」的舒適圈，透過互助合作發現與人互動的美好。給予勇敢的加持，讓轉學生很快地感受到那份熟悉的歸屬。專注傾聽，掌握話題，打破那道無形的孤立感，讓熟悉升起。

問題五
孩子容易退縮怎麼辦？

安河一個人靜靜地站在教室的一隅，雙手不時相互搓揉著。額頭上，不時冒著冷汗。他可以清楚地聽到自己因為焦慮不安而撲通撲通的心跳聲，但總是無法掌握住該有的規律節奏。

表演課的分組正如火如荼地進行著。全班二十七個人的班級裡，採自由分組的方式，由同學們相互邀約，最後分五組將名單在下課前交給班長。此時，距離十點十分下課鐘響前，僅剩下最後三分鐘，但安河仍然杵在原地不動。

「各位同學注意，請推派代表將每組名單，包括姓名及座號寫在紙上交給班長。還沒決定好的同學，記得把握最後時間。」在喧鬧的教室裡，紀老師拉大嗓門催促著，銳利的眼神同時瞄向仍不知所措的安河。

安河感到頭沉甸甸地，腦袋一片空白。雙手雖用力搓揉，卻也感覺不到任何疼痛。

「陳安河！你在那邊發什麼呆？」突如其來的一句話劃破了他腦中的空白，讓安河著實嚇了一跳，因為平時不太會有人主動和自己說話。「你的組別選好了嗎？時間快到了喲。」美鳳溫柔地微笑提醒著，但安河卻如鯁在喉，一句話也說不出來。

說真的，安河心裡知道美鳳的提醒是友善的、溫暖的。然而，對於如此的人際互動，他卻又感到莫名的焦慮與不安。再加上班上人稱「暴龍」的江雲隆，三不五時地對著自己嘶吼、謾罵，揮之不去，常讓安河感到強烈的恐懼。

「給我閃開，陳安河！別像個垃圾桶擋在那邊！」

「緊張個屁啊？像個沒膽的小貓似的。」

「我警告你喔！你這懦弱的小子，別給我太白目！」

每回的分組，特別是自由分組，安河的心情就像遇見暴龍一樣，對他來說簡直像是一場煉獄。在時間軸不斷地前進下，安河的負向情緒不時地交錯浮現，焦慮、不安、害怕、恐懼、緊張、無助，當然也包括常有的愣著發呆。

「陳安河，加入我們這一組好不好？」美鳳和小靜趨前對安河說：「沒意見的話，那我們就直接把你的名字寫上，交出去喲。」

安河突然感到受寵若驚，眼眶頓時濕潤，略微點了點頭。雖然他知道這樣的反應不是很有禮貌，但這實在已經達到他現在能夠反應的限度了。

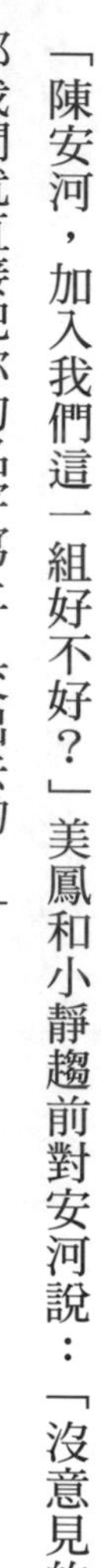

人際適應力的祕訣指南

祕訣024 關鍵的必要——澄清壓力源
祕訣025 同理害怕的感受
祕訣026 安心的好夥伴
祕訣027 特定夥伴與適時微調
祕訣028 啟動安心機制
祕訣029 情境製造

秘訣024

關鍵的必要——澄清壓力源

害怕，很明確；焦慮，卻模糊。無論孩子在人際互動中，是因為害怕或焦慮而呈現出畏懼或退縮的表現，在協助孩子調適之前，**澄清可能存在的壓力源**，往往是一個必要的關鍵。

每個孩子在人際互動上的壓力點不盡相同，當然也可能同時存在這些壓力源的交互作用——導致孩子更害怕、更焦慮、更畏懼、更退縮。這些壓力源的澄清，需要我們細膩地觀察、了解與感受，孩子不一定能夠主動表達出來。

例如：擔心分組及互動被拒絕，不敢趨前與人互動，害怕對方的激烈反應（像是暴龍三不五時地對著自己的嘶吼、謾罵），不知該如何回應或持續維持互動，不知道該和對方談論什麼等。

試著萃取出孩子人際關係上的壓力源，進而協助孩子緩和害怕或焦慮，跨出人際互動的關鍵一步。

祕訣 025

同理害怕的感受

一般孩子習以為常或再自然不過的社交互動，對於部分孩子來說，卻如同經歷一場與恐怖片中「安娜貝爾（Annabelle）娃娃」相遇般的害怕、恐懼、驚嚇。這些情緒是相當主觀的一種負向經驗，卻也是最真實的一種感受，我們不可忽視。

「安河，我想遇見像暴龍這樣的人，無預警地對你大聲嘶吼、謾罵，一定會讓你感到害怕、緊張、不安，而不知所措。這樣的感受一定很難熬，或許退縮在一旁是你不得不的選擇。」**幫孩子做反映，支持與陪伴他面對這些強烈的負向情緒**。

祕訣 026

安心的好夥伴

安心，是面對害怕、退縮的孩子，在人際互動上，我們需要給予的基本維他命。

安心，不單純是我們大人口頭安撫、肩膀拍拍、好話說說，而是讓孩子真切地感受到**身旁有著一、兩位能夠讓自己感到友善、溫暖、自在，願意接納與陪伴他的同儕——不時釋放出安心能量的好夥伴**。

然而，安心好夥伴可遇不可求。對於畏懼、退縮的孩子，甚至需要我們先幫他尋找、物色或安排。服用了一段時間的「安心維他命」之後，至少能夠讓孩子在情緒上有穩定的作用，同時慢慢感受及細細品味被接納的友伴關係是多麼的美好。

祕訣027

特定夥伴與適時微調

好的夥伴關係所營造的安心氛圍，總是容易讓人際退縮的孩子感到溫暖，而對於特定夥伴所產生的依賴，也可能由此而生。就如同前面情境中的安河，是否在往後的教室裡，就僅限於和美鳳、小靜互動？

雖然這對於安河來說，或許是最美妙不過的，然而，當安心夥伴沒有微調或加入新成員，孩子的情感將逐漸依賴在特定的同儕上。這時，未來的變動，例如：重新編班、換組，或安心夥伴漸行漸遠時，另一股心理衝擊可能會隨時引爆。

因此，**面對特定夥伴的議題，建議協助孩子採適時微調的方式**。例如：逐漸加入新成員，或以其中一人為中心（例如美鳳），做為孩子（安河）的情緒支持點，再適時更換身旁不同的人相處。當然，孩子自發性的人際互動不在此限。

祕訣 028

啟動安心機制

當孩子即將走進人際互動的藍色大門，在內心的焦慮與害怕浮現之前，我們該引導孩子練習如何讓自己的情緒平穩。嗯，沒錯，安心有時需要靠自己來。

引導孩子練習各種可以轉移情緒的方式，這點因人而異。如何才能安心，沒有標準答案。

有時，孩子透過深呼吸，緩和自己的心跳與節奏，使自己安心。

有時，孩子在心中吟唱一首歌，一首輕快自在的歌、熟悉的歌，讓自己安心。

有時，孩子腦海裡充滿著愉悅畫面的想像，也許是海洋、是草原、是湖泊、是無垠星空，或是鄉間小徑，給自己安心。

有時，心中反覆複誦著稍後將與對方談論的話題，為自己安心。

祕訣 029

情境製造

孩子對於人際互動的害怕與退縮，並不會像切換開關ON／OFF一樣，瞬時自動調整至安心與主動。與人互動的成功經驗值，需要平時透過漸進的方式，製造各種情境，讓孩子有機會與他人進行互動。

初期，可以先採取非語言方式。例如：在教室裡，請孩子依老師指示發放作業本、將物品交給對方、合作整理圖書角、收拾球類用品等，任何相對容易成功互動的情境都可以。

請留意，並非孩子在人群裡就自然會有互動。如果經常在團體中僵持過久、不知所措，時間一久，反而越容易讓孩子裹足不前，更形退縮。

問題六
孩子老是獨來獨往怎麼辦？

「亞明，老師剛剛打電話來說，從開學到現在怎麼都看見你老是一個人往停車場跑？除了危險之外，她有提到勸了你好多次，但似乎也沒用。這次特別要我轉達，多鼓勵你和其他同學一起玩。」

「拜託！我又沒有太靠近車子，而且下課時間我想要怎麼玩，有自己的權利，為什麼你們老是愛管我。」

「班上不是有許多同學嗎？」

「所以呢？」

「可以多和同學交往、一起玩不是很好嗎？」

「為什麼我不能自己一個人玩？有誰規定不能自己一個人玩？更何況我又沒妨礙到誰？幹嘛一直管、一直管，囉嗦死了。」

「老師也是好意啊！難道你一個人都不會覺得孤單、無聊或寂寞嗎？」

「才沒有像你說的那樣，我一個人好得很，自由得很。」

「真的嗎？」

從臉上的表情及說話的語氣，亞明媽可以感覺到，兒子似乎沒有像他講的那麼自在。她總覺得亞明在人際上一定有哪個關卡沒突破，一時卻又說不上來。

「不去停車場玩，留在教室裡看書總可以吧？」

亞明有些不以為然地說。

「你現在五年級班上，不是有以前同班的楊美卿、何國強和劉子亦嗎？可以多和他們玩啊！更何況，在家裡常常就只有你一個人，在學校有個伴不是很好嗎？試試看，媽媽晚上幫你準備些小點心，你明天拿去學校和他們分享。」

「幹嘛？給人家小點心，他們又不一定會要，如果不拿，我多丟臉啊！而且我又不見得和他們很熟。」

「你們不是已經相處兩年多了嗎？」

「然後呢？每個人都有自己的朋友嘛！哎喲，不要強迫我啦！很無聊耶！」

「那新同學呢？試試看新同學，說不定很快就可以找到玩伴。」

「媽媽，你們好奇怪耶，怎麼老愛強迫我一定要跟誰玩？」

「亞明，沒有說你一定要跟誰玩，只要是同學都可以啊。」

「所以也包括班上那些壞同學？那些上課常遲到、作業常沒交、會說三字經、常用暴力解決事情的壞同學？」

亞明媽頓時愣住了，說不出話來。

「難道亞明都不會擔心或苦惱自己在學校一個人嗎？」

媽媽苦思著：

「我和老師到底在擔心什麼？如果他一個人真的是輕鬆自在呢？我們會不會多慮了？還是，每個孩子的人際需求都不盡相同？強迫他去交朋友真的好嗎？」

人際適應力的祕訣指南

祕訣030

「一個人」所隱藏的話

孩子在團體裡，總是一個人獨來獨往——在這單調畫面的幕後，主角到底想要傳達什麼訊息？有時，並非僅從孩子的旁白就能認定。

這就好像，當孩子脫口回應：「我一個人好得很，自由得很。」這時，你得需要仔細觀察、感受孩子的言行是否相一致。在聽起來若無其事的語句之下，孩子的眼神、表情、姿勢、動作、神態等，是否也相對應地安心自在。

「為什麼我不能自己一個人玩？有誰規定不能自己一個人玩？」孩子的反駁似乎言之成理。但在話語當中，是否也間接地反映著孩子不知道跟誰玩？不知道如何玩？甚至於也沒有人主動邀約或被動接納和他玩？

在「一個人」的背後所隱藏的話，需要我們細膩地澄清與推敲。

祕訣031

面質——正視言行中的不一致

當發現孩子的言行不一致，例如：談話內容看似一副沒有朋友也無所謂，卻發現他在下課時，眼神經常流連於同學的互動。或是孩子一派輕鬆地表示：「我一個人好得很。」卻發現他講這句話時眼眶濕潤、雙手摳弄著手指頭，或緊抓著衣角不放。

這時，我們需要透過「面質」，來引導孩子瞧見自己對於人際感受的矛盾。

請記得，面質並非是咄咄逼人地質問對方犯了什麼錯。**面質，是將你所感受到**

的不一致，讓孩子練習正視，並從中更加了解自己的內在想法。

「亞明，雖然你經常強調自己一個人獨來獨往很自在，聽起來似乎對於周遭其他人的反應不以為意。但，你又顧慮如果和同學分享，而對方不領情，不見得拿這些小點心時會感到丟臉。你不覺得這當中存在著矛盾？」

祕訣 032

脫離舒適圈

對於孩子來說，在團體裡將自己設定為「一個人」的模式，很自然地，有時就先免除了因為人際互動而可能產生的任何變數——一種讓自己無法掌握、挑戰著社交能力，以及遭逢各種可能的挫敗感。因此，一個人的模式，在短期內至少讓孩子感到舒適。

然而，重點也在這裡。畢竟舒適圈待得越久，孩子的人際惰性就越強，也越缺乏想要向外走去的動機——一種走向人群，提升及維持自己人際互動能力的意願。

身旁的我們，**該給孩子臨門一腳，將他推出自己的舒適圈**。至少，一步一腳印，向人群走去，一次是一次。

祕訣 033

立場的堅持

走出舒適圈之後，倒也不是說，就不能稍微再退回一個人的模式。讓孩子清楚地了解你的立場——**他可以獨來獨往，但該合作就得合作。**讓孩子學習就當下的狀況進行判斷。

就好像有的人在必須要合作的團體裡，盡情發揮所長，與人相互往來；但當合作事項告一段落，也會傾向於選擇讓自己稍作沉澱。有時，一個人的確也自在，同時有必要。但進可攻、退可守，讓自己在團體與一個人獨處之間，位移、優游。

祕訣 034

增加合作性的活動

當孩子需要脫離一個人的模式時，**大人可得發揮靈感和智慧，好好設計、規劃與安排一些合作性活動。**

例如在班上，這些活動可以是分組的報告（從蒐集資料、彙整、討論、分析、協調、安排與決定工作內容，以及最後完成報告）；打掃工作責任區域的分配；班級球類競賽；童軍團或其他社團活動等。讓孩子體認到，有些事，不得不面對。

祕訣035

維持互動的燃燒能量

當然，如果想要讓孩子在合作性的活動中，感受到一個人之外的美好，這時，如何**讓孩子能夠在參與過程中獲得好的經驗**就相當重要。

這些有助於持續燃燒互動的火種，例如：事先強迫分組（依老師的決定方式，讓每個人都有歸屬的組別），搭配孩子的優勢力並讓其有機會展現，多添加趣味的合作性活動，以及引導團體成員彼此肯定與回饋等。

問題七
孩子轉學後不適應怎麼辦？

若華一個人靜靜地坐在位子上，手指頭不時摳弄著桌上塑膠軟墊的一角。一旁同學三三兩兩交頭接耳地聊著，熱絡的嬉鬧聲在她的耳際像杜比音效環繞，令她感到既羨慕又嫉妒。

這已經是若華轉入這所明星學校的第二個星期了。她覺得學校超大，班上人數簡直多到破表。

「若華，你知道要轉入現在這所學校的機會有多難嗎？爸媽可是費盡千辛萬苦，痴痴等待才讓你順利轉過來耶。」

「那又怎樣？」若華心中百般不願意轉學，無論媽媽這陣子在一旁多麼洋洋自得，她還是很難說出心裡的感謝。

只是，既然轉學成為事實，若華還是想試著融入這個對她來說是新班級，但原班同學已相處了一年的六年級，只是難度真的高了些。

若華知道高年級形成死黨、小圈圈是很自然的事，而要打進這樣陌生的小圈圈裡談何容易。這也是為什麼當爸媽提及考慮要轉學一事，自己心中非常非常抗拒。

「我到底該不該過去和他們自我介紹？」

雖然，轉來的第一天早自習，導師已經例行性地把她介紹給全班了，但說完後就像船過水無痕，什麼也沒發生。她還是常常自己一個人坐著，而其他同學也繼續天馬行空地聊著。

「或者我就直接靠過去聽？只是他們會不會覺得很奇怪？甚至直接叫我走開？」「但是如果繼續這樣坐著，他們會不會認為我這個新同學很孤僻？或者太自以為是？」若華在座位上左思右想著。

焦慮像一層膜漸漸地敷在若華的心上。當然，她非常不喜歡這種感覺，自己就像個局外人般走錯到人家熱絡的團體裡。

「媽媽，我不想待在現在這個班！」若華三番兩次向媽媽抱怨著，雖然她知道抱怨歸抱怨，什麼事情也不會發生。爸媽不可能讓她再轉回原來鎮上的學校。

「在班上好無聊，都沒有新的朋友！」若華好不容易隱約鬆口說出自己心中對於人際需求的想法與感受。

但媽媽馬上又千篇一律地回上一句：「哎喲，慢慢就會有新朋友了啦！」

「慢慢？」若華很清楚知道這慢慢的等待，不知不覺到了六年級畢業，可能還是不會有任何朋友。

教室裡，若華孤單的身影突兀地在她的位子上。教室裡，同學們還是三五成群，喧鬧聲不斷。

人際適應力的祕訣指南

祕訣036 「前輩」請出列

- **秘訣037** 小圈圈的攻與守
- **秘訣038** 勇氣的加持
- **秘訣039** 分組活動的歸屬發酵
- **秘訣040** 放學後的友伴關係

秘訣036 「前輩」請出列

為加速轉學生對新班級的適應，這時，「前輩同儕」應該先出列。孩子對於新環境，特別是人與人之間的互動，是需要有人來導引的。這時，同儕能夠發揮的作用明顯強過導師。但委派前輩這件事，卻需要導師佛心來著站出來推一把。

仔細觀察班上同學的特質，選出具熱忱、願接納、能包容、可同理的同儕。如果孩子之間的興趣與話題頻道相近的話，那麼對於剛轉進班上的孩子，在適應與融入班級的互動上，將扮演推進器的功能。

祕訣037

小圈圈的攻與守

孩子們的人際關係很微妙，一般來說，低年級的孩子只要彼此能夠玩在一起，這時「我們」就是朋友。

但隨著年齡增長，到了高年級或青春期，小圈圈、小團體、死黨或好麻吉等關係便一一成形。好一些的，對於轉學生來說，只是打不進該團體。但差一點的，卻有可能面臨被關係霸凌的威脅，例如只要誰誰跟若華接近，小心就要倒大楣了。對於剛轉進來的孩子來說，這像是一種不能承受之重。

這一點，高年級以上的導師需要特別的留意。

對於教室裡的人際生態，導師必須瞭如指掌，且事先預防。**不能讓轉學生總是被疏遠，同時也要避免讓轉學生在班上太過於搶眼，以免遭嫉妒而受排擠**——這裡的「搶眼」，指的是導師在關係的拿捏上，避免讓小圈圈裡的同儕認定導師太過於偏心或關注對方。

祕訣038

勇氣的加持

對於全新人際關係的建立，以及陌生情境的調適，轉學生需要一股源源不絕的勇氣。這勇氣不能單靠孩子本身來發酵、醞釀，班上的老師及同學也要適時給予支持、肯定與回饋。

勇氣如何加持？**你可以嘗試反映與回饋孩子的內心感受。**

「若華，老師可以感受到你對於融入新班級有些緊張和焦慮，特別是與班上特定幾個小團體裡的同學接觸，更是讓你忐忑不安。但老師發現你很勇敢，且積極地主動與這些同學認識。當中或許有少數人的回應不太友善，但很棒的是，你仍鼓足勇氣，繼續微笑相對。其中有幾位同學的防衛已明顯卸除囉！」

祕訣039 分組活動的歸屬發酵

對於剛轉入的孩子來說，與其面對全班眾多人數的不知所措，倒不如**透過小而美的分組互動，在特定範圍內、有限人數裡，先培養與滋潤彼此的歸屬關係。**

這時的分組模式，請延續先前所提及的「強迫分組」，依老師的決定方式，讓每個人都有歸屬的組別，以減少初期的自由分組（同學自行尋找、邀約、決定）可能發生因大家對新同學的陌生，而產生疏離、排擠或拒絕。

祕訣 040

放學後的友伴關係

除了在學校裡，導師對孩子融入班級的營造與經營之外，父母在孩子因轉學而需面對的人際壓力因應和調適上，也應該有使力的地方，**可以協助孩子建立「放學後的友伴關係」，讓人際互動有所延續。**

由於每個孩子居住的環境與就讀的校園氛圍不盡相同，在條件允許的情況下，安全的考量範圍內，平時能夠讓孩子和新班級的同學一起走路回家，關係最是美好。若還能在巷弄間、中庭裡、住家附近，甚至於放學後留在學校球場玩耍、活動，也是一種讓關係保持恆溫的方式。

有時，孩子不得不安排課後安親班的活動。這時，如果有機會與同班同學共同在同一家安親班學習，未嘗不是另一種「加量」的關係延續。

當然，如果讓孩子主動邀請新班級的同學到家裡玩，更是加速破冰的一種方式，讓孩子能在更短時間內，融入新同學之間的互動與關係。

問題八
孩子覺得被孤立了怎麼辦？

「我的奶頭沒有毒，有毒的是那個沒良心的王八蛋。」阿浪學著《等一個人咖啡》電影裡，金刀嬸的口吻說著。壯哥也接著脫口說出「屎就放心中」、「莫名其妙，國民學校，亂七八糟，搞什麼東西」……這時，「暴哥、暴哥、暴哥」的鼓譟聲不絕於耳。

「如果我遇到喜歡的女生，就能變出一根香腸……」

「哇靠，阿浪，你的記憶力還真超強，連這句台詞都背得滾瓜爛熟，也太阿拓了吧！」壯哥右手用力朝阿浪的後腦勺拍打下去，頓時讓阿浪重心不穩，差點向前傾倒。幾個男生在一旁笑成一團。

「ㄟ，拜託！不要破梗好不好？我們可都還沒看耶。真沒品，去看電影也不揪一下。」以小虹為首的女生們在一旁嚷著。

「親愛的小虹，要不要我阿不思來幫你調製一杯傳說中的老闆娘特調咖啡？」阿浪又模仿起電影中的橋段。

「你很爛耶，我們剛剛不是說不要破梗嗎？你真的欠揍喔！」小虹刻意握緊拳頭作勢要朝阿浪的頭頂敲下去。

「啊！不然來一碗香腸豆花特調啦！」阿浪說完拔腿就跑，教室裡又是一陣嬉鬧聲。

致文靜靜地坐在位子上。隨著眾人的閒聊與此起彼落的打屁聲、歡笑聲，自己和其他同學之間，似乎像拉起對角線般越離越遠。說真的，致文很不喜歡這種苦澀的滋味。他想打進同學間的對話，但是卻連往前趨近一步的勇氣都沒有。何況他沒看過這部電影，要聊起來談何容易。

「為什麼他們可以聊得這麼開心？不管有沒有看過那部電影的人，都能這麼投入？」致文心裡納悶著：「如果我真的也去看了《等一個人咖啡》，難道就能順利和他們聊起來嗎？」

在班上，他總是默默杵在一旁、不發一語，感覺到自己和同學不是同一掛的。「不好相處」、「臭屁」、「自以為是」，這些批評也不時傳到他的耳裡。但是致文心中很清楚，自己並非曲高和寡，或是自認優越、高傲。

致文覺得自己像是班上多餘的一個人，或者更貼切地說，像個連影子都沒有的人。在班上，大家常常無視於他的存在。這種插不進話題、感覺被孤立的現象，今天不是第一次，當然也不可能是最後一次。

人際適應力的祕訣指南

祕訣041 傾聽，不一定要開口
祕訣042 慢慢趨前，靠近人群
祕訣043 澄清「想說」的需求
祕訣044 破解孩子的孤立感
祕訣045 加熱話題的熟悉度

祕訣041

傾聽，不一定要開口

人際的互動和參與，其實有著許多的模式。能說、能分享、能表達，是好事。能傾聽、能接納、能陪伴，更讓人欣喜。

引導孩子思考，在團體裡，不一定要搶著說、開口說。當然，如果對方詢問自己的意見，能夠回應最好，但假如一時不知如何回答，**輕輕搖頭、微笑也是一種正向能量的回饋。**

可以傾聽，不一定要說。

祕訣042

慢慢趨前，靠近人群

如果孩子對於同學正在聊的話題感興趣，也想感受當中的互動氛圍，這時可以閉起眼、深呼吸，展露臉上的微笑，慢慢地趨前，讓身體慢慢位移、朝人群靠近。**再次提醒自己，先不急著想如何插入話題，好好扮演一個傾聽者。**漸漸地，內心的被疏離感會融化、解凍，消失於無形。

慢慢位移是需要一點勇氣的。老師不妨輕輕拍拍孩子的肩，給他一個支持的眼神，微笑地伸個手，引導在外圍的孩子往話題圈走去。

祕訣 043

澄清「想說」的需求

當同學之間的聊天話題正如火如荼展開，而孩子也像致文一樣，想打進同學間的對話時，可以試著引導孩子覺察，是哪一股想法驅動著他期待往這個方向前去。

「致文，我可以感受到你想要加入對話的那股渴望和需求，以及苦於不知如何加入的那種挫折感。你心裡是否有一種想法，沒有加入對話，會讓自己感到像是個班上的局外人，是嗎？」

你的細膩觀察與揣測，雖不盡然每回都和孩子的想法接近。但這是一道**了解孩子，以及讓他了解自己的反覆過程，同時讓孩子感受到你的貼近**——一種內心被了解及呵護的貼近。

祕訣 044

破解孩子的孤立感

當孤立感油然而生時，回頭往他內在的想法探去，孩子是否受到了不合理思考的錯誤指引，而來到這段孤立的巷弄裡？

孩子需要敏銳覺察，例如：致文心中有股「覺得自己像是班上多餘的一個人」、「像個連影子都沒有的人」，這種非理性的想法存在，對自己是否不甚公平，導致自己不斷升起心中的孤立感，而沉默、退縮在一旁，同時在人際互動中不斷地架起路障，阻礙了交流。

協助孩子調整想法，破解他的孤立感，**要引導孩子重新以「合理」的方式看待眼前的人、事、物，並有所行動。**

例如：「我想阿浪、壯哥和小虹他們應該是相當放得開的人，這一點從他們在閒聊時此起彼落的打屁聲、歡笑聲，很明顯可以感受得到。或許，你可以給自己一點勇氣，走向前，大聲地讓他們知道：『我好喜歡你們這麼開朗的笑聲耶！聽你們聊天會是很舒服的一件事。』」

讓孩子在心中不斷地演練類似的話語，想像自己微笑趨近同學的畫面，孤立感將能因被接納而破解。

秘訣045

加熱話題的熟悉度

以致文和《等一個人咖啡》為例，如果他沒看過這部電影，要和同學聊起來的確不大容易。除非他懂得問問題，但又不能讓對方覺得自己是來亂的，盡問些同學們口中所謂的「白目」問題——拜託，你知道再來問好不好？

想要加熱自己對話題的熟悉度、參與同學們的討論，**可以Google一下或聽聽看別人在聊什麼，當然，最好的方式是自己也先進電影院，要不然上YouTube先看看預告片或相關報導也行。**

或許孩子心中會感到疑惑：「為什麼他們可以聊得這麼開心？不管有沒有看過那部電影的人，都能這麼投入？」就像前面情境中的小虹他們那樣。不妨引導孩子思考，他們（如阿浪、壯哥、小虹等人）有可能原本就很熟，因此，熱絡之火很自然就會燃起。

人際關係第3招

分享與合群

非學不可之分享與合群

恰如其分的分享，不太帶有炫耀色彩，同時也少了要求與勉強，在人際關係中，容易讓人產生好感。團體中所傳遞的凝聚力，則容易換來濃密的歸屬感。合群，讓人與人之間，不時轉動著正向的能量，關係相互交織。

計較，讓人與人之間的目光聚焦在那細微的差異上，常易因小失大，而換來對方的厭惡感。計較，讓對方看不見你完整的人，也容易以偏概全地認為你是不好相處的人。

強迫，總是讓人感到不悅。「非得按照我的方式玩、方法做」，到最後卻落得沒有人理會自己，而深感孤單、寂寞與落寞。太執著於自己的想法，將讓孩子少了參考、接納他人的意見與感受。

曾幾何時，對於某些孩子來說，分享竟成為剝奪的代名詞，聞「分享」而色變。不愛分享、吝於分享、懼於分享，隱約透露著孩子過往的分享，總是與不愉快的經驗相連結。但不愛分享，卻是人際關係裡重重的一拳——傷到自己的那一拳。

「害群之馬」這種強烈的標籤，總是深深地烙印在不合群的孩子身上，久久揮之不去。在過度自傲與缺乏自信之間，在期待被注意與存在互動困難之間，我們是否望見了孩子的不合群所要傳遞的訊息——一種孩子在人際關係上，需要被協助的信號彈。

非學不可之分享與合群，協助孩子衡量計較的得失，學習如何好商量，又能吃虧就是占便宜。讓孩子跳脫自以為是的中心，化解僵化與加強說服，練習下好離手。讓孩子看見大人的分享身影，讓分享快樂浮現。同時，讓合群成為孩子的優先選項——一種享受團體合作所帶來的美好選項。

問題九
孩子愛計較怎麼辦？

「老師，為什麼李文卿就可以回答兩次，我才回答一次。不公平啦！哪有這樣子的。」

「拜託，楊紫瑜，至少你還有被老師點到，我們有多少人舉手都沒被問到，你還在計較什麼？」

「我不管啦！老師你不能這樣啦！你讓李文卿平時分數那麼高，偏心啦！」

「楊紫瑜，如果按照你這麼說，乾脆就班上每個同學都問兩次，那我還要不要上課，只顧著問就好？」

趙老師有些不以為然地回應。

「就是說嘛！如果要抗議，也是連一題都沒被問到的人有資格，哪輪得到你抱怨。」

對於楊紫瑜在班上公認的「愛計較」，其他同學其實早已厭煩到受不了了。她不只對平時成績錙銖必較，就連營養午餐時間，同學在協助打飯菜時也是一樣。

「你幹嘛故意給我這麼一小片排骨？」

「哪有一小片？還不是都差不多。」

「就是一小片！你看，阿葵和旺仔的排骨都那麼大。我看你是故意留給男生大排骨，特別選這薄薄的一小片給我。我不管，你要再撥一小塊排骨給我。」

「ㄟ，楊紫瑜你很囉嗦耶！不然以後你自己來負責打菜，愛吃多少就吃多少。我看連廚餘都可以留給你，讓你好好吃到飽！」

「對嘛！不會感恩同學的辛苦，只會愛計較，上次的香蕉也是這樣，選來選去，挑來挑去，一下子嫌香蕉太青還不熟，一下子又抱怨香蕉太熟透，表皮出現太多的黑色梅花點。ㄟ，是怎樣？當同學是焦農，欠你喲？」

在某次與老師談話中，紫瑜媽知道了這樣的狀況，覺得有必要跟女兒聊聊。然而，紫瑜並不認為自己愛計較。

「我只是就事論事，本來凡事就要公平啊！我只是爭取並捍衛我自己的權利。」

她向媽媽清楚表達自己的立場。

「只是紫瑜啊，如果你什麼事情都要算得這麼精、那麼細，我看同學都會被你這奧客嚇跑耶！」

「什麼奧客？媽媽，你在說什麼？」

被紫瑜這麼一點醒，媽媽發現自己的用詞是不妥了些。但是她真的很想傳達出一項訊息，那就是如此百般挑剔、愛計較，真的會讓同學對她避之唯恐不及。

她很擔心，孩子在學校裡沒有了朋友。

「到底是什麼因素讓紫瑜變得如此愛計較？紫瑜真的有錯嗎？只不過，再這樣計較下去，會不會讓她在人際上付出慘痛的代價？」

媽媽苦苦思索著。

分享與合群的祕訣指南

祕訣046

被剝奪感的同理反映

當孩子出現了愛計較的表現，在看待他凡事都錙銖必較的情況時，或許讓我們先停下來思考，孩子是否存在著一種「被剝奪感」？當然，如此的被剝奪感是相對的，孩子總覺得自己的權利相對他人來說是少了些，導致如此的威脅感總是在他心中蔓延。

我們可以協助孩子覺察自己是否存在著如此的感受，幫他反映出來。

「紫瑜，我想當你把注意力放在那回答兩次對一次、排骨的大小差異，以及對香蕉外皮的在乎時，似乎讓你感受到焦慮、不安和心中忿忿不平。是否這些細微的差別，讓你有種被剝奪的想法與感覺？」

讓孩子嘗試覺察自己是否存有如此的感受？如果有，先接納。因為，這種感受對孩子來說相當真實，**先不和其辯解，你的反映，將讓孩子感覺到你對他了解的貼近。**

祕訣 047

檢視關於「計較」的想法

在愛計較之中，你會發現孩子總是把目光窄化到眼前對自己不利的部分、少掉的部分或不足的部分。這些相對減少的部分，往往容易在孩子的想法中，不斷地被放大，就像墨水漸漸地在紙上向外擴散。同樣地，受威脅感或認為遭受不平對待的想法也就不時交錯，浮上心頭。

到底孩子該不該如此在意，鑽入牛角尖裡？還是大大方方，無所謂地接受？或者是可以計較，但不要那麼的瑣碎？

先不要讓自己落入「孩子一定要怎樣做，才對」的迷思裡。而關鍵在於，我們是否發現孩子看待事物的方式，正一步步往負面思考的黑洞前進。

前方地基下陷，危險，請繞道而行。跳脫計較，路是無限的寬廣。

祕訣048

衡量計較的得失

對於得失，有時孩子往往只注意到眼前表面上、可以計算的，只要自己能夠和對方維持在相等的水平線上，就欣然接受。無論是回答的次數、排骨的大小或香蕉的外皮等。卻可能忽略了因為如此斤斤計較，在人際關係上所衍生的被排擠，或讓人感到厭惡而疏離。

關於得失衡量的計算，我們必須攤開在孩子的眼前，**讓他自己去拿捏估算，哪一種方式，自己所需承擔的代價最大，所需負擔的成本最高。**避免孩子因小失大，換得大排骨，卻遺失了同儕的相處。

祕訣049

有限度的吃虧

「我是就事論事，本來凡事就是要公平啊！我只是爭取並捍衛我自己的權利。」說真的，並不能說紫瑜的想法不對，只是天下事，真正要論及公平又談何容易。更何況，什麼是「公平」？這點在每個人的心中，可能會有不同的解釋與定義。

吃了虧，難道孩子就只能摸摸鼻子「自認倒楣」（謎之音：吃虧也不全然就等同於倒楣喲），放棄自我權利的爭取？答案當然不是YES／NO的二分法。

吃虧——有限度的吃虧（衡量的標準，請尊重每個孩子的決定），看似委屈了自己，然而事實上倒也不盡然。至少這一句「吃虧就是占便宜」，總是在我們身旁像杜比5.1，甚至於戲院版的杜比7.1聲道般環繞著。

祕訣050

吃虧就是占便宜

「吃虧就是占便宜」，對於這句話，孩子多少可能存疑：占什麼便宜？

試著引導孩子，把想法轉個彎吧！

偶爾發現同學在營養午餐打菜時，給自己的排骨小了點、薄了些，看似自己吃虧了，但紫瑜如果回應：「嗯，男生的活動量比女生大，消耗的熱能比較多，當然食慾及胃口也較大。阿葵和旺仔，這回你們就多吃一點，大一點的排骨就留給你們喲。」

這時，她可能會發現，眼前這薄薄的一小片排骨，卻為自己換來同學對她的貼心留下了好印象，下回遇見她時，打招呼、點頭和微笑也會多一些。

吃虧就是占便宜——多讓孩子看見在人際關係上，「獲得」的部分。

祕訣 051

協調與好好商量

孩子如果經常感受到吃虧而委屈，**請引導孩子學習如何與同學進行協調、好好商量，透過有效的問題解決方法，聽聽孩子期待與決定怎麼做，讓雙方彼此都能接受，找到最適當的組合。**這也是一種人際關係的加值與升等。

例如告訴協助打菜的同學：「大一點的排骨給阿葵和旺仔，我的排骨薄薄一小片，是否高麗菜多替我加一些？這樣我也可以一樣吃飽喲。」

對於香蕉的分配，提出建議：「我想，每回都有幾根表皮出現太多黑色梅花點的香蕉，是否我們就採輪流方式，第一次給第一排，第二次輪第二排，依此類推，這樣就不會每次都為了『梅花鹿香蕉』而彼此起爭執了。」

引導孩子以協調、商量來取代愛計較，這時生活中類似的排骨或香蕉，都是一種媒介——讓孩子燃起學習如何溝通協調的好觸媒。

問題十
孩子堅持依自己的方式玩怎麼辦？

「不管、不管、我不管！你得重新再當一次鬼，這一次抓到不算。」

「拜託，哪不算？你明明就被我抓到了，哪不算？」

「可是你沒有按照方法玩啊！你要從一數到十才能繼續抓人啊！哪有說九加一就跑過來的。」

「神經啊！紅綠燈大家都會玩，九加一誰不懂？哪有人說一定要按照你的那個怪玩法，浪費時間還在那邊從一數到十，鬼才聽你的！」

「哈！沒錯！沒錯！鬼才聽你的。阿錫，你又不是老師，也不是裁判，憑什麼由你來決定怎麼玩？乾脆你不要玩算了，省麻煩。」阿辛附和著何百勝。

「不玩就不玩！誰稀罕！你們根本就亂玩一通，我才懶得跟你們玩！」阿錫不服氣地雙手扠著腰，拉大嗓門叫嚷著，重點是，這一群孩子沒有人理會他，繼續在穿堂汗流浹背地玩起紅綠燈，不亦樂乎。

阿錫始終不覺得自己有哪裡不對，總覺得是何百勝和阿辛他們故意作對，不懂怎麼玩，還強詞奪理。

阿錫總是要求別人按照他的方式來玩，卻不時會踢到鐵板，這回和小禕在教室裡玩暗棋也是。

「你要翻開吃，不可以連吃啦！」

阿錫焦急地伸出手欲制止小禕，但反應快的小禕以迅雷不及掩耳的速度將阿錫的象、車、包及兩顆卒都握在手中，吃掉了。

「誰說一定要翻開吃，不可以連吃？聽你在放屁！」小禕有些不以為然地說著：「就連有些暗吃都可以連吃。你這白痴！」

小禕當然知道暗棋的玩法有很多種。說真的，只要雙方事先講明，彼此協調與尊重就很單純，自己也不會說一定要如何如何。只是小禕就是很討厭阿錫這種「什麼事都得按照他的意思去做，不然就是別人不對」的鴨霸行為。

跟同學在一起，阿錫最常掛在嘴邊的就是：

「你不能這樣玩啦！」

「我跟你們說，遊戲規則應該是要……！」

「重來、重來、重來，這樣不對啦！你們到底懂不懂?!」

「我要第一個，我要先玩！」

「這局不算，你犯規！」

「錯了！錯了！不是這樣子玩啦！」

然而，大家的反應卻是：

「無聊，誰理他啊！誰說都要聽他的？」

「我才不想跟他玩呢！太自以為是了。」

「真是有夠討厭的，又不是我們班的老大，老愛說別人這不對、那不對。為什麼都是他認為才對?!」

分享與合群的祕訣指南

祕訣052

培養多元及彈性的玩法

如果你發現眼前這位「魔術師」老是玩不出新把戲，那麼你可能需要認真來思考：孩子能夠玩的、會玩的花樣是否就那幾招、這幾套？

為了破解孩子有限的玩法，**積極的方式就是平時引導及示範給孩子看，各種可**

能存在的遊戲規則。

以暗棋的玩法為例，讓孩子知道可以選擇：(1)翻開吃，不可以連吃；(2)翻開吃，可以連吃；(3)暗吃，不可以連吃；(4)暗吃，可以連吃等，以及車（俥）、馬（傌）、包（炮）的不同走法。

讓孩子平時能夠培養多元及彈性的玩法，將有助於跳脫「按照我的方式玩」的窠臼，免於在他的人際互動中，不知不覺形成路障。

祕訣053 破解僵化的思考

請謹慎留意：孩子的思考是否容易陷入「非黑即白」的二分切換，套入「一定得怎樣，否則就不能怎樣」的僵化（卡死）模式？

如同前面讓魔術師能變出更多的把戲，以應付複雜的人際關係，為了避免孩子的思考（如同活塞、軸承、渦輪等）因摩擦生熱而卡死，需要你平時便添加潤滑而讓他的想法變得更有彈性。

想法的潤滑劑如何調配而來？**這就考驗著我們是否能夠跳脫所謂的「標準答**

案」，亦即「一定要怎麼做，結局就一定得如何」的想法。

以「龜兔賽跑」為例，我們是否可以和孩子一起kuso或改編原來的故事內容，並將結局做一些調整與改變？例如：從原先的烏龜贏了兔子，改編成兔子贏了烏龜；或烏龜與兔子打成平手，或者雙雙被淘汰等結局。

就像一枝筆，除了寫字的功能之外，還能轉變成不求人來搔癢、當樂團的指揮棒、想像成是一根雪茄、虔誠拜拜的香，甚至於武俠打鬥的利劍等。腦力激盪一下，讓思考更有彈性。

秘訣054

自我覺察：「我有錯嗎？」

我想，孩子多少都希望順著自己的想法玩。然而，別人沒有依照自己的方式玩，也不代表對方有錯。

「你不能這樣玩啦！」「這樣不對啦！」「你犯規！」「錯了！錯了！不是這樣子玩啦！」——請協助孩子自我檢視，是否「千錯萬錯都是別人的錯」。

當然，將錯誤歸咎於對方，這樣想會讓孩子自在些。但是這麼一來，除了會讓他無法覺察自己可能出的錯，少了調整自己的機會，如此把責任都歸咎於他人，連帶地也把自己和朋友間的距離，越推越遠。

引導孩子練習自我覺察，優先檢視自己的想法與行為，先不批判、推卸、歸咎或指摘對方。

只看自己，好好地只看自己。就像在鏡子面前，好好地覺察自己。

祕訣 055

加強說服力——訴求賣點

並非孩子不能要求按照自己的方式玩，但有個前提是：他能夠說服對方。

引導孩子在與朋友溝通時，先不要強調「一定要按照自己的方式玩」的訊息，以預防太直接的訴求讓對方馬上築起防衛的高牆，抵死不從。

試著先說說看，自己的玩法吸引人的地方在哪裡，就像在行銷自己的玩法一樣，將自己的訴求賣點讓對方看見，例如．

「百勝、阿辛，我告訴你們，讓鬼從一數到十，大家才可以跑得比較遠，範圍比較大。這樣當鬼的人就比較費力氣、跑得比較喘，比較難抓到人啦！」

「小禕，我有個想法，你聽聽看。我們暗棋玩翻開吃，不可以連吃。這樣彼此就可以慢慢地思考，謹慎地布局、攻擊和防守，作戰時間可以拉得比較長喲。」

祕訣 056

嚴選老大，下好離手

誰是老大，誰說了算。**引導孩子在遊戲中，彼此先確認這一回合的「老大」是誰。老大的嚴選，可以採取推派、自薦、遴選、抽籤、輪流等方式。**

由老大決定遊戲規則的方式，同時，當老大宣布玩法之後，底下的兄弟們就得下好離手，遵守該次的遊戲規則。不得異議，抗議無效。

讓孩子知道，配合與遵從也是維護人際關係中的必要之一。

問題十一
孩子不愛分享怎麼辦？

「媽媽，我明天要帶什麼去學校？老師說要分享啦！」

「嗯，你遊戲間不是很多玩具嗎？就選一些你認為好玩、有趣、有意思的帶去不就得了？」

「可是，我不知道要帶什麼嘛！」

「嗯，還在傷腦筋？不然，就拿昨天爸爸剛從玩具反斗城買回來的昆蟲機器人帶去分享啊！」

「我才不要！那個連拆都還沒拆開耶！哪有我自己都還沒玩到，就先讓其他人玩的。」

小泛東翻西翻著一個個置物箱，時而踮著腳尖，抬起頭、伸長手臂翻找櫃子上的物品，時而把玩具拿起來又放回去，過了很久，仍然毫無頭緒。

最後，他終於選中一個玩具。

第二天，他把玩具帶到了學校，同學們的反應卻是：

「喔，拜託！哪有人帶這種壞掉的玩具來分享，我才不要跟他交換玩呢！」

「對嘛！根本沒誠意，而且我們都幾年級了，哪有人還在玩這種幼兒園在玩的湯瑪士合金小車。重點是，四個輪子竟然只剩三個，這應該歸到資源回收的塑膠類吧！ㄟ，它有合金，還是算金屬類呢？」

「我看，直接丟到垃圾桶算了！」

「活該！不要理他，誰叫他每次都不好好跟人分享！」

「上回分享日，他還帶沒拆封的UNO遊戲卡。是怎樣？要來賣，還是炫耀啊！真是令人討厭。」

「你還記不記得，有一回我請大家吃HI-CHEW。男生吃葡萄口味，女生吃蔓越莓口味。小泛是不是也有分到？結果哩？要他請我吃幾片品客洋芋片，竟然給我搖頭，掉頭就走！」

小泛表情沉重地不發一語，拿著合金小車的手垂放著。除了身旁這些同學你一言、我一語地數落著外，還有其他人的歡笑聲，以及不時伴隨的玩具分享、試玩等活動熱絡地進行著。

說真的，小泛並不知道自己哪裡做錯了。他心想：「拜託，我自己都還沒玩，怎麼捨得先讓別人玩？拿舊的、壞的玩具，至少別人拿去玩時，我也比較不會心疼啊！HI-CHEW是同學願意給的，我又沒有向他要。更何況，品客洋芋片我吃都不夠了，哪有可能再請別人吃？」

然而，現實的是，今天的玩具分享日讓他吃了閉門羹。同學們除了閒言閒語外，沒有人願意來打探小泛的湯瑪士合金小車。

他杵在當下越久，越感到渾身不自在。當然，他也越來越討厭聽到「分享」這兩個字，因為分享總是為他帶來不愉快，不是像心被刀割了一下，就是老有一種感到被強迫的無奈。

分享與合群的祕訣指南

祕訣057

分享，不等於剝奪

有些時候，孩子很討厭聽到「分享」這兩字，特別是當自己被要求分享時。心不甘、情不願的分享，往往讓孩子很容易把這件事直接與「被剝奪」連結在一起——和你分享，我的東西就少了一些。如此若有所「失」，將讓孩子更厭惡分享這件事。

別急著老是要求孩子把自己的餅乾、糖果、零食等和別人分享。畢竟，一開始讓孩子感受到自己的東西打了折、少了些，這些不捨與失落的感覺，孩子終究不愛。

如何預防孩子避免對分享產生被剝奪的刻板印象？我想可以試著先從共同參與玩玩具開始。**讓孩子感受和朋友一起玩的樂趣，同時自己的東西並沒有損失，最後還是自己的。**

祕訣058

尊重「捨不得」的感受

「我才不要！那個連拆都還沒拆開耶！哪有我自己都還沒玩到，就先讓其他人玩的。」

當孩子這麼說時，請提醒自己，孩子這種「怎麼捨得先讓別人玩」的感受很真實，請優先給予尊重及接納。

「小泛，我想『分享』這件事，讓你感到有些勉強、擔心與不安，畢竟全新的玩具你自己都還沒試過，強迫你做出自己不願意的事，似乎讓你感到沒有受到尊重。」

秘訣059

避免貼上負面標籤

「拜託，有這麼嚴重嗎？幹嘛這麼小氣、吝嗇。哪有什麼捨不得的？又不會少一塊肉，和同學分享又會怎樣？」說真的，如此的激將方式，往往容易適得其反，把孩子與分享的距離越推越遠。

你可以想像，**要委屈自己做不想做的事，不然又得背上「小氣」、「吝嗇」的罵名，孩子怎麼可能對於分享會有好感？**

分享，很好。捨不得分享，也沒有一定就不好。一步一步來，跳脫標籤的連結，孩子拒絕的心，就比較有機會鬆綁。

秘訣060

讓分享的快樂浮現

分享，也就是共同享受。讓孩子透過分享的歷程，試著與對方（接受分享者），共同享受這份美好與快樂。

讓孩子想想，自己曾經和朋友分享過哪些日常生活或旅行的經驗；同時，在自己表達和對方傾聽的互動下，彼此能夠感染到那份喜悅與快樂。

分享的快樂需要被萃取出來。再加碼，讓孩子回味與朋友共享玩具的歡樂（這部分，你可透過平時的拍照記錄，適時讓孩子看見共同的歡樂畫面）。

讓分享與快樂、喜悅進行連結，打破上述所提到的被剝奪感與失落。分享，就指日可待。

祕訣 061

大人示範的身影

要讓孩子感受到分享是多麼美妙的一件事，請試著讓自己分享的身影在孩子眼前出現。

例如，你微笑著，伸出手上的巧克力對孩子說：「小泛，這是媽媽今天在全聯發現的新口味巧克力，口感很特別。這一片和你分享，試試看，還挺好吃的喲。」

讓孩子看見你分享的喜悅、甜美的笑容和話語的親切，就有機會翻轉他對於分享的焦點，從手中少掉的部分，轉移到看見分享者所伴隨的好感受。

祕訣062

彼此好分享

為了讓孩子對於分享的接受度再提高，建議在分享的過程中，可適時採取彼此的分享方式，或許當中有些**交換玩**、**交換吃**的意味。

例如：「嗨！和你分享HI-CHEW葡萄口味，你的蔓越莓口味是否也可以和我分享嚐嚐？」

祕訣063

看見分享的雙重所得

在孩子共同分享的時刻，試著翻轉孩子原先對分享的解釋（被剝奪），**讓他看見自己因分享而帶來了雙重所得**，例如：同時吃到葡萄口味HI-CHEW與品客洋芋片。

如此，將有助於提升分享在孩子心目中的力道，讓孩子學會愛分享。

問題十二
孩子不合群怎麼辦？

「怎麼辦，還差一個耶，明輝再不趕快確定，我們就來不及報名五人制足球賽了！」

「那不要找明輝，找別人不就好了！」

「不行啦！明輝算是我們班爆發力最強的，而且他又是專門踢右箭頭，重點是他以前國小還是足球校隊耶！」

「哎喲，他最囉嗦了啦！一下子嫌隊友太爛，一下子又抱怨場地太差，一下子又說放學後的比賽耽誤到他上網的時間。」

「你說的是沒錯啦，今天如果不是要比五人制足球賽，我可能也不會一直求他加入，只是他的腳下功力真的很強！」

「強又有什麼用？難道你不擔心他加入後，他那出名的不合群可能造成什麼後果？會不會拿到球之後，就只顧著表現自己的球技，不鳥隊友的反應？他加入不見得是加分啦！更何況，足球賽是強調團隊合作的耶！」

「難道你忘了，上次體育課，老師要我們全班自行決定活動內容。原本多數人決定好要玩躲避球，可是他和其他幾個女生不配合，一直有意見、唱反調，結果吵吵吵，到後來因為拖了太久時間在爭論，害我們什麼都沒玩到，還被老師要求乾脆練習跑步算了。想到這裡，我就生氣。」

「就算不提害群之馬的事，明輝也還真不太屬於我們這一掛，真的不一定要找他啦！說不定第五個人隨便一找，我們團隊湊一湊，搞不好還踢出漂亮的成績呢！這樣不就可以滅滅明輝的威風，哪有什麼事情都非他不可！」

「對啦！對啦！不要被那個不合群的傢伙綁架啦！寧可踢輸也不要妥協啦！不然第五個找女生下場也行啦！」

「但是，明輝真的很強，如果他願意加入，我們要踢進四強決賽一定沒問題的。」

「重點是，今天中午就截止報名了，他到現在還是拿翹，故意拖延為難我們。

你不覺得一直懸而未決，時間不停地壓迫，讓我們在這裡窮緊張是很不道德的嗎？算了啦！寧可第一輪踢輸而光榮退場，也不願意看他的臉色。」

「為什麼他這麼難搞？我們一直釋放出善意的邀請，他還是如此高調？真的該讓他嚐嚐不合群的下場嗎？但說不定他根本不在意，反而等著看好戲？合群，有這麼難嗎？」

分享與合群的祕訣指南

祕訣064 掀開不合群的鍋蓋
祕訣065 澄清被注意的需求
祕訣066 規範的設定與遵守
祕訣067 逐漸增加互動人數
祕訣068 歡迎來聚
祕訣069 不合群的代價
祕訣070 不然，你說……

祕訣064

掀開不合群的鍋蓋

當孩子面對同儕的邀約，總是表現出不合群的態度，到底是在傳達什麼樣的訊息？**是過度自信的自傲？還是缺乏自信的低自尊？**孩子本身能夠覺察到嗎？

掀開孩子不合群的鍋蓋，找出背後的理由，有賴於我們平時敏銳的觀察、理解與判斷。

「明輝，我想隊友能力不足，以及場地的條件限制，似乎會讓你覺得無法充分表現該有的球技，同時擔心與顧慮別人對於你能力的看法，所以才遲遲未答應邀約，是不是這樣呢？

「如果你相信自己的能力，甚至於期待表現。照理說，你應該會熱中於加入五人制足球賽才對。當隊友的球技沒那麼好，不是更能反映出你的高超球技嗎？」

祕訣065

澄清被注意的需求

每個孩子多少會透過不同的模式，來引起周遭他人的注意——無論是好的注意或壞的注意，都是一種在人際中獲得的滿足。這時，我們要**試著協助孩子澄清並反映讓**

他知道，他自己內在的需求。

「明輝，當多數人決定好要玩躲避球，但是你和其他女生一直有意見，我想是否在這樣的爭執過程中，反而會讓你的意見被凸顯、被看見，而讓你感受到在群體裡被關注與重視？是否如此的感覺，會讓你覺得比較自在、舒服？」

祕訣066

規範的設定與遵守

當孩子在團體裡總是不合群，甚至於拒絕參與或加入時，老師對於班上規範的設定就顯得相當重要。

例如：**對於特定活動，規定同學都必須遵守及參與**（就像必修課程一樣），以減少孩子總是在團體活動的外圍晃蕩。同時增加辦理合作性活動的頻率，少些競爭、計較，以提升孩子與人互助的機會。

祕訣067

逐漸增加互動人數

當然，有些孩子表面上的不合群，某個程度也可能是受限於他在人際互動上，不知如何融入群體。

當孩子有這種傾向時，建議在做法上，先採取一對一，優先讓孩子和特定同儕相互合作，從中累積人際關係所需的經驗與能力。隨後，再視他的互動狀況，逐漸增加互動的人數，以及參與團體的大小。

請提醒自己，**避免因表面上的不合群，而忽略了有些孩子在人際調適上，需要漸進式地被協助。**

祕訣 068

歡迎來聚

為提升孩子的合群能力，建議**父母可以主動安排，由孩子扮演邀請人，邀約同學來家裡作客。**

歡迎來聚，透過角色的互換，孩子得改變社交互動的模式。由原本的被動被邀約，改為主動邀約對方。誰來晚餐？讓孩子轉變為主人，多一次的聚會，多一次學習如何與同儕互動的機會。

祕訣 069

不合群的代價

孩子當然有權利選擇不參加球賽。但是，如果團體活動因當事人的不合群態度而受影響，那麼孩子是否應該為此付出代價，為不合群的行為承擔該負的責任與後果？至於責任是什麼、後果該如何界定，由於每個事件與當事人皆不盡相同，屆時可依不同個案的方式進行處理。

但請留意，這裡所強調的行為後果，**關鍵在於當孩子承擔了這項後果之後，有助於降低日後他的不合群行為出現的頻率**。

例如：當孩子不合群，拒絕參加班際的五人制足球賽時，他可能面臨這個月只能先充當觀眾，在一旁觀賽或改當啦啦隊。孩子需要承擔後果——特別是他所在意的代價（謎之音：其實孩子好想好想下場踢球比賽）。當然，後果的選擇需合情合理。

祕訣 070

不然，你說……

面對老是有意見，東抱怨、西批評的孩子，可以試著**引導他說出心中具體的想法**。例如，關於五人制足球賽。

「明輝，如果你覺得隊友太爛不適合，那是否可以請你提供安全的名單，在你心目中，球技一流、有助於晉級的選手名單。」

「關於場地太差一事，或許你可以提出改進意見給主辦的老師，或者可以建議校內適合的場地，說不定下一場或四強決賽就會以你建議的場地為主。」

「不然，你說……」請記得，給予具體、有建設性的建議。抱怨與批評就暫時免說了喲。

人際關係第4招

減少被討厭

非學不可之減少被討厭

朋友之間的黏合度，有時和彼此的喜好與厭惡有高度的相關性。當與朋友的相處總能為自己帶來愉悅、歡樂、開心的好氛圍與好感覺，在關係的程度上便自然而然升等。相對地，當討厭的元素在彼此之間作怪，關係的間距也將隨之擴大。

有時，孩子在拿捏關心與管閒事、熱心與干擾之間，往往失去了準頭，總是容易一廂情願地以自己的角度來看待他人的事情，特別是將焦點聚焦在對方的弱點或缺失處，過度介入而忽略了對方的感受。

人與人之間的信任，要建立起來往往需要很長一段時間。但如果要摧毀，倒是三兩下就能讓信任灰飛煙滅。說話不算話、不遵守承諾，容易耗損孩子的可信度。同時，在對方的印象中，也會迅速累積起像火山灰般的厭惡感，而吞噬彼此的關係。

千錯萬錯都是誰的錯？有些孩子容易歸咎於自己，這時承擔的責任自然重了些，自我要求高了些，心裡積鬱的情緒也多了些，但自我改變的契機也比較容易被看見。相對地，千錯萬錯都是別人錯。手指指向外，產生人際衝突與紛爭也不令人意外。

雖然臭味相投會讓彼此的關係更密切，但當孩子身上總是臭味伴隨、異味相送，對於周遭他人來說，就如同在窄巷內遇見臭鼬現身，令人避之唯恐不及，厭惡感油然而生，謝絕彼此的往來。

非學不可之減少被討厭，讓孩子在愛管閒事之餘，能夠貼切感受對方的需求，轉移焦點，讚美好事。重新讓孩子學習搭建信任的舞台，再度感受信任所帶來的強效威力。讓孩子學習優先檢視自己，面對錯誤時心不沉重，並思考問題解決之道。清潔、乾爽、好自在——無論對自己、對別人，都是雙贏。

問題十三
孩子愛管閒事怎麼辦？

「阿創，你這回是要選里長是不是？怎麼在班上老是愛管閒事。你們老師三番兩次又是打手機、又是寫聯絡簿的，不斷要我提醒你，能不能不要再雞婆。已經有同學的爸媽在投訴了，你知不知道？你到底有沒有聽到？阿創！」

「哎喲，聽到了啦！囉哩八嗦！」阿創不以為然地抱怨：「我又沒怎麼樣，老師幹嘛這麼愛告狀。」

阿創媽心裡則是嘀咕著：

「明明愛管閒事讓班上老師直接處理就好了，怎麼老愛轉個二手給我？回家處理有什麼用，轄區根本就不在這裡嘛！」

然而，問題的癥結也正在此。

阿創很少自我覺察自己在班上與同學的互動模式。同樣地，阿創媽也不認為愛管閒事到底有什麼好抱怨的，甚至於覺得阿創的表現是一種熱心助人的行為。雖然老師不時地叮嚀再叮嚀，是感到有點煩，但阿創媽也沒有想過自己需要調整什麼，讓孩子愛管閒事的頻率降低。

「你真的很討厭耶，幹嘛管我數學寫得對不對？這又不關你的事！」玲玲用手遮蓋住數學評量，氣急敗壞地說。

「我只是剛好看到你7的倍數有寫錯，是42、49，不是41、48啦！是好心告訴你喲。」阿創有些得意地回答。

「我寫錯也不用你操心。幹嘛偷看我寫作業？愛管閒事的傢伙，討厭！」

「阿創，你在做什麼？幹嘛亂碰我的頭髮啦！」小紫轉過頭，怒視著阿創突如其來的舉動。

「哎喲，你頭上的蝴蝶結鬆掉了啦，我是好心要幫你綁緊。」

「你無聊！變態！沒禮貌！我的蝴蝶結鬆掉了，關你什麼事？」

「我只是剛好看到，順手幫個忙而已。」

阿創有些委屈地回著。

「ㄟ，吳明諭你的青菜要吃光啦！不然每次都留著倒廚餘，又沒有補充到營養，農夫辛苦白費，也很浪費耶！」

阿創苦口婆心地叮嚀。

只是，他的說法惹得吳明諭很不爽，拉高嗓門叫囂著：「關你什麼事？你是我媽啊！」

此話一說，引來同學一陣嘻笑。

「對嘛！阿創，你幹嘛老是這麼雞婆？不然就幫吳明諭把剩菜吃光光啊！愛管閒事的傢伙。」

「沒錯、沒錯，阿創最愛管閒事了，我看他真的是太閒了。」

阿創在心中ＯＳ：

「管閒事？我是關心吔！」

減少被討厭的祕訣指南

祕訣071 做好分內的事
祕訣072 分辨「熱心」與「干擾」
祕訣073 指定事情，讓孩子好好管
祕訣074 轉換角色，實際感受被管的滋味
祕訣075 轉移焦點，讚美好事
祕訣076 你的示範，他的仿效

祕訣071
做好分內的事

管閒事，或許你會抱怨孩子時間可真多。管閒事，請先確認孩子是否已經把自己該做的事先完成。

提醒孩子優先做好分內的事，這需要**平時不斷地自我覺察，把注意力的焦點轉回自己本身，以減少對於其他人的過度干擾**。如果孩子很快便做好了，那就多給他一些事情做吧！

祕訣 072

分辨「熱心」與「干擾」

在人際關係中，孩子得不時練習及具備覺察的能力。熱心，不能自己說了算；干擾，卻是對方感受到就是。管閒事，很容易在雙方之間陷入熱心與干擾的爭辯。

請提醒孩子，**熱心的認定，在於自己為對方做了這件事，他會感謝你**。但反過來，如果你為對方做了這件事，他卻不領情，甚至於火大要你閃邊，這時，干擾的成分就會大了些。

祕訣 073

指定事情，讓孩子好好管

與其讓孩子不時陷入好管閒事的泥淖中，而惹出一身麻煩，讓同學厭惡、排擠，乾脆在班上讓孩子師出有名，**指定一些事，讓他負責進行管理**。在這些指定的責任區中，孩子有權利及義務好好地協助對方，做好品質管理。

「7的倍數是42、49，不是41、48喲。」嗯，協助同學訂正數學是孩子被指定的責任區，該管。

「青菜要吃光啦！」營養午餐時間，孩子也被賦予任務，協助同學不浪費，該管。

讓孩子管得理所當然，管得理直氣壯。在人際互動之間，看見孩子盡好管的責任。

祕訣074

轉換角色，實際感受被管的滋味

管閒事的人，往往被批評太自我中心，不能感同身受對方被管的處境——嫌惡、厭惡、討厭、無奈、生氣、憤怒、煩躁等情緒都可能一一浮現。

這樣吧，轉個彎，將角色互換。**讓孩子體驗被管的滋味**，好好感受，細細品味。

「ㄟ，阿創你的白飯要吃光啦！不然每次都留著倒廚餘，又沒有補充到營養，農夫種稻辛苦白費，也很浪費耶！」嗯，類似的話，從別人的口中發出來，聽進自己的耳朵感受看看。「關你什麼事？」如果孩子也發出同樣的吶喊，別忘了，對方當時的感受也是一樣。

秘訣075

轉移焦點，讚美好事

同樣一件事，孩子的注意力聚焦在哪裡，是一種選擇，而且可以好好練習。當孩子好管閒事，往往令對方感到生厭，除了被干擾、打斷之外，有時被管的當事人總有一種被迫放大自己缺點的感受——這裡不對、那裡錯。

試著引導孩子練習**將注意力的焦點從對方沒做好，轉移到對方做很棒的表現上。**

「哇！你真的很強耶，我發現數學裡的公因數、公倍數題目都難不倒你，概念好清楚喲。」

「我發現你真的很細心耶，吃完營養午餐，垃圾與廚餘都分類得好仔細。」

讓孩子明白，好話，多多益善；具體的好話，更讓人打從心裡歡喜。而這份愉悅的心情也會歸功於他——因為肯定、鼓勵與讚美。

秘訣076

你的示範，他的仿效

身教，往往是最直接、最強烈、最容易讓孩子學習仿效的方式。如果不希望孩子在學校愛管閒事，惹人抱怨連連，就**別讓孩子看見我們自己在街坊鄰居、公共場所等，同樣好管閒事的身影**。

孩子在耳濡目染之下，模仿得唯妙唯肖，或許讓你會心一笑，但是等到全套「管閒事」的本事直接傳授下來，孩子就更難覺察自己到底哪裡需要調、必要改。因為，全家對於看事情的態度都是類似的模樣。

己所不欲，勿施於人。在愛管閒事這件事情上，也是同樣的道理。

問題十四
孩子常常不守信用怎麼辦？

「顏力行，你不是答應我，今天一定要帶《祕魯尋寶記》和《芬蘭尋寶記》還我嗎？你到底看完了沒？已經兩個多禮拜了耶！拖拖拖，早知道就不借你了，說話不算話，不守信用的小子。」

「威廉，不好意思、不好意思，我出門前真的給忘記了。下星期一鐵定會帶來還你。」

「還下星期哩，那我星期六怎麼辦？我已經答應要和羅大同交換看他的《捷克尋寶記》和《臺灣尋寶記》了，那怎麼換？」威廉氣得雙手扠著腰，怒視著眼前這位老是說話不算話的顏力行。

抱怨力行不守信用的同學，不只威廉一個人。

「奇怪，我們不是約好十二點在麥當勞的大門口嗎？怎麼現在都還沒看到顏力行的人影？該不會這次又放我們鴿子了？」

「嗯，說不定喲。他常常都這樣說話不算話，這次要不是你答應讓他參加，說真的，我根本不考慮讓他來。」

「那怎麼辦？我們到底要不要繼續等？還是我們先進去點餐，不管他了？」

這天班上要進行分組報告，力行的行為，終於讓同學們日積月累的怒氣爆發了。

「什麼?!你海報竟然沒有畫！那等一下輪到我們這一組上台報告怎麼辦？你不是答應我們要負責畫海報嗎？還口口聲聲說，畫海報你最會，ＰＯＰ你最強，叫我們別擔心？」

「小誠，不好意思啦！我昨天真的是太累了，本來想說先睡一下，睡飽了再來畫，誰知道不知不覺就睡到今天早上……真的很不好意思啦！」

「你不要跟我說不好意思，現在受到你牽連的是整組的同學耶！你知不知道，海報沒有準備會被扣多少分？早知道就不要讓你加入我們這一組！」小誠怒氣沖沖地說著，只見顏力行低著頭猛賠不是。

「別再相信顏力行的話了！他應該要為他的不守信用付出代價。」

「對，沒錯、沒錯，真的要讓他嚐到苦果。」

「我現在根本都懶得理他。」

「誰再相信他，就輪到誰倒大楣了！」

「以後，我看就他自己一個人一組，什麼都讓他自己來。可惡，害我們上一次沒有做海報，整組被扣了十分。」

「我看把他在班上del掉算了。」

教室裡，顏力行獨自坐在位子上，神情落寞地望著桌面不發一語。

同學們此起彼落的批評聲，如針刺般，一針一針穿透到心裡，刺痛著他在人際關係上，脆弱的心。

減少被討厭的祕訣指南

祕訣077 找出信用的漏洞
祕訣078 限量答應
祕訣079 列出待辦事項，隨時檢核
祕訣080 輕重緩急的判斷
祕訣081 深刻感受不守信用的代價
祕訣082 多體驗守信用的強效威力
祕訣083 大人開支票前，請慎重三思

祕訣077

找出信用的漏洞

若孩子在團體裡總是無法遵守信用，對於他的人際關係是很大的一項殺傷力。

當信用一次次流失，當務之急在於**優先和孩子一起找出信用漏洞在哪裡？給予抓漏、補強，重新建立同儕對他的信任感**。

每個孩子缺乏信用的原因不盡相同，以下列出各種可能的漏洞，做為了解孩子的參考：

- 沒有考量到自己的狀況，太容易答應對方，導致無法實現諾言。
- 注意力渙散，常容易遺忘答應他人的事物。
- 無法判斷事情的優先順序及利害關係，輕重緩急概念模糊。
- 雜務太多，時間管理及運用能力不佳，執行力不強。
- 對於不守信用的代價無所謂，沒有什麼樣的感覺。
- 對於大人的言而無信、信口開河、亂開支票，長時間耳濡目染，有樣學樣。

祕訣 078

限量答應

為了改善孩子不守信用的問題，你可以依孩子的狀況，而選擇不同的應對方式。限量答應，讓孩子學習有效管制自己對朋友的承諾。

例如：**答應的事物一次最多三項，待其中一項依約定完成後，再答應下一件事情，但總量維持在三項以內。**讓孩子在有限的待辦事項中，增加逐項完成的機率。

祕訣
079

列出待辦事項，隨時檢核

有時，對於自己的腦袋不能太信任，特別是記憶這件事（謎之音：除非腦袋的記憶表，現在和過去的紀錄都良好）。

讓孩子把待辦事項寫下來，透過文字，把答應同學的事情記錄下來，隨時複誦，加強印象，並且隨時檢核是否有做到。

例如：

「星期五上學時，攜帶《祕魯尋寶記》和《芬蘭尋寶記》到教室，依約定還給威廉。」

「星期六中午十二點，新月廣場轉角旁麥當勞集合聚餐。」

「星期日睡前將POP海報畫好，星期一早自習帶去學校交給小誠組長。」

讓寫成為一種習慣，一種協助孩子完成信守承諾的好習慣。

祕訣080

輕重緩急的判斷

有時，孩子將待辦事項列了出來，但隨著時間推移，不同的事情總是有不同的緊急性及重要性。為提升孩子能夠信守承諾、使命必達的能力，建議引導孩子學習有效分辨不同事物的緊急性及重要性。

實際的做法，**就像一個「田」字，區分為四格，包括：緊急又重要、緊急不重要、重要不緊急、不緊急又不重要的事**。特別提醒孩子，請優先處理「緊急又重要」的事項，例如星期一要交的分組POP海報。

祕訣081

深刻感受不守信用的代價

對於不守承諾，孩子是否需要付出代價？我想答案一定是肯定的。至於這個代價應該是什麼？至少後果要讓孩子有所感覺——**一種相當在意的感受，也許是權利被剝奪，也許是徒增嫌惡的事情**。

權利被剝奪，例如：因為不守信用，沒有依約定準時抵達聚會場合，因此被取消吃蛋捲冰淇淋或參加下次聚會的權利。

徒增嫌惡的事情，例如：沒有依約完成POP海報，小組成員決定下次報告，顏力行除了海報之外，需要多做資料蒐集這件事。

當付出的代價讓孩子有感覺，信守承諾就比較有機會浮出水面。

祕訣 082

多體驗守信用的強效威力

雖然讓孩子承受不守信用的後果有其必要，但是，如果能**讓孩子多體驗因為守信伴隨而來的好感受**，一種對於人際關係的強效威力，下回孩子主動表現守信用的頻率就容易提升。

這些守信用所帶來的強效威力，例如：發現班上同學常對自己微笑，主動邀約玩耍，彼此分享，受到朋友的讚美與肯定，以及讓自己在班上總是能夠擁有好心情。

祕訣 083

大人開支票前，請慎重三思

如果你不希望孩子出現某個行為，最好的方式，就是自己先不要做出該行為。

不遵守信用也是如此。

請提醒自己，在對孩子應允承諾時，請多加思索自己實現諾言的機率有多高。支票很好開，但兑現有些難。

身教、身教、身教，在守信用這件事情上，是非常關鍵的一個畫面。為了讓孩子對守信用的印象深刻，請多播出身教的畫面，集數越多越好。你的演出，將會讓孩子在人際之間的「守信用」橋段上，有最精湛的表現。

問題十五
孩子常愛怪罪別人怎麼辦？

「鄭裕民，還不都是你害的！原本穩贏的局面，竟然輸在你這肉腳的防守上，連漏兩個球，你到底是不是個咖啊！連基本功都不會，還參加什麼比賽。早知道讓你坐牛棚，在旁邊看看、喊喊算了！」羅強不假辭色地不斷責罵著：「真的是敗給你了。你沒聽過嗎？不怕神一樣的對手，只怕豬一樣的隊友！」

裕民還沒來得及回答，一旁的陳博生卻聽得實在忍無可忍了，看著羅強頤指氣使的態度，他氣得回嗆：「ㄟ，小羅強，你是教練嗎？不要在那邊淨說別人什麼神不神、豬不豬的，你自己又好到哪裡去了？出場三次，你哪一次有安打出去，不都被三振出局嗎？要說人家坐牛棚，我看你就乾脆待豬舍算了！」

博生如此生氣不是沒有原因的。先不談這回班際盃樂樂棒比賽，賽後羅強對裕民的惡劣態度，而是他真的看不慣羅強這小子，常常在班上將責任推到別人身上，千錯萬錯都是別人的錯。這回衝著裕民來，上一回則是博生自己。

「陳博生，還不都是你害的！寫張考卷動作那麼慢，誰叫你人不聰明，放學後不去安親班加強，回家後也不努力練習，拖拖拉拉害大家都沒得玩！」

博生心想：「這關我什麼事？雖然老師說全班寫完繳卷後就可以自由活動，但問題是，我依自己的節奏一題一題謹慎作答，而且還在時間內，又礙到誰了？更何況還有很多人都在寫啊。」

「還不都是你害的！」這一句已經成了羅強的專屬口頭禪。在班上，三不五時就會有同學的名字被冠在這句話前面。

「孫以琳，還不都是你害的！」

「王伯駿，還不都是你害的！」

「沈佩華，還不都是你害的！」

但這回，「鄭裕民，還不都是你害的！」出現時，讓陳博生對於羅強的厭惡感瞬時破表，心中燒起一把火，同時也少見地失控大罵：

「豬．豬．豬，你這令人討厭的豬—隊—友！」

最後這拉長音的「豬—隊—友」像一把利劍般劃破一旁同學喧譁的聲音，頓時，所有人的目光都聚焦在鄭裕民、羅強及陳博生三個人身上。

重點是，羅強還是不覺得自己有錯，甚至於在眾人的注視下，又補了一句：

「陳博生，還不都是你害的！亂罵髒話，等一下被老師處罰，我看都是你害的！」

減少被討厭的祕訣指南

祕訣084　所以呢？然後呢？

祕訣085　問題解決最優先

祕訣086　全權負責

祕訣087　承認錯誤不沉重

祕訣088　轉向自己，遠離抱怨

祕訣084

所以呢？然後呢？

千錯萬錯都是別人的錯。當孩子經常將錯誤或失敗歸咎於他人，總是大聲嚷嚷：「還不都是鄭裕民害的！原本穩贏的局面，竟然輸在他那肉腳的防守上……」這時，試著以平穩的口吻與語氣回問：

「所以呢？」

讓孩子覺察自己將失敗歸咎於對方到底想幹嘛。

「早知道讓他坐牛棚，在旁邊看看、喊喊算了！」或許孩子會如此回應。再試著保持原先平穩的說話方式，回問：

「然後呢？」

如剝洋蔥般持續探究下去，直到孩子無法再說下去。

這麼做的目的，在於讓孩子發現怪罪別人時，潛藏在自己內心的真正用意。

祕訣085

問題解決最優先

面對錯誤和失敗，採取推諉或迴避的方式，是很自然的一種傾向。但如此的做法，對於人際關係的建立卻隱藏著破壞力。越是把責任撇清、越是將矛頭對準別人，關係的拉扯與撕裂就越加明顯。

試著引導孩子**在面對失敗或錯誤時，將焦點移回如何解決問題**。腦力激盪思考各種解決方式，尋找下一次破解成功的祕訣。

例如：「針對防守，我建議進行部分調整，裕民改守三壘，博生替補一壘手的位置，你們看如何？」

祕訣 086

全權負責

在團體裡，總是有不同的角色相互分工，分擔責任。當孩子像羅強般總是習慣將錯誤或失敗歸咎於他人時，或許可以進行角色轉換，由他擔任領導者（隊長、組長），運籌帷幄所有事項與細節。

當然，**取得權力，也得承擔所有責任**。讓孩子從責任的承擔中，減少對於他人的批判與推諉，沒有任何的理由與藉口。

祕訣087

承認錯誤不沉重

若孩子總是習慣撇清責任，不願面對失敗或錯誤，我們也應該思考，對他來說，「承認錯誤」這件事是否太沉重。引導孩子一起想想：失敗了、錯誤了，那又會怎樣？

當然，失敗和錯誤總是令人感到挫折、沮喪、羞愧或難過。這些情緒很自然，但是要讓孩子承載這些情緒多久，卻是值得思考的一件事。

如何讓承認錯誤不沉重？我想，**大人的反應與回饋將是非常關鍵的一點。大人可以更平穩地看待這些事**，例如：

「我想，這回班際盃樂樂棒比賽雖然無法晉級，但卻讓我們更清楚知道每個人的優勢及待改善的能力。同時，從對方強勁的打擊攻勢中，讓我們學習及體認到如何安排打擊順序的重要性，以及重新調整及如何補強防守的機會，雖敗猶榮喲。」

錯誤是一種經驗，承認是一種面對，讓「承認錯誤」對孩子成為一種自我接受與負責，以及往未來成功前進的路徑。

祕訣
088

轉向自己，遠離抱怨

欲加之罪，何患無辭？孩子要怪罪別人，總是不怕找不到藉口或理由。因此，請轉個向，引導愛抱怨他人的孩子練習看見自己，檢視自己。**不談別人，只看自己——任何可以修正與微調的地方。當然，也不要忘了肯定自己，越具體、越明細的努力過程越好。**

例如，引導羅強試著看見自己在樂樂棒的表現：

「嗯，這回出場三次，都沒有安打出現，而被三振出局。我想，或許在於自己真的不擅長左投手的球路。這一點，有機會的話我真的需要多加練習。但是，這回我的外野防守表現真的很亮眼，可圈可點，至少接住了幾個外野高飛球，沒讓對手把得分的差距拉大喲。」

問題十六
孩子衛生習慣不好怎麼辦？

「走開，走開，你走開啦！渾身臭得半死，你是幾天沒有洗澡了？好噁心！」

「對嘛！你看他的衣服都發霉了，還流著兩管鼻涕，我們還是離彭楷遠一點免得被傳染。」

「嗯！彭楷身上可能有電磁波喲！大家請保持安全距離。」

「真的是令人討厭的傢伙！我們不要跟他玩，快閃！」

同學們你一言我一語地，邊說邊往教室外走去，獨留彭楷低著頭在座位上，不明所以。

彭楷是不討人喜歡，特別在夏天更是如此。只要同學一經過他身旁，總是皺眉掩鼻地快步離開，免得聞到他身上所散發出的酸味作嘔。

「林佑新，你幹嘛坐這麼過來啦！我的位置已經快被你擠扁了。」

「哎喲，還不是彭楷那味道讓人受不了。真倒楣，這次又抽到坐在他旁邊。」

其實，不只林佑新把座位距離拉大，往右靠過去，連前後座位的同學們也把距離拉得很開。

彭楷常在課堂上，身體倚靠著教室左面的牆壁。他發現，似乎在這個教室裡，掉著漆的斑駁牆壁是唯一能夠接納他的好朋友，至少牆壁不會抱怨。然而，也因為他經常倚靠著牆，泛黃又帶著點點發霉的上衣，卻也沾染了些白色的淒涼。

「彭楷，回家洗個澡有那麼難嗎？不然，衣服也應該換一換啊！夏天耶！夏天流汗，衣服不洗也不換，誰受得了那濃烈的味道？」導師已經不只一次對彭楷和他的父母提醒再提醒，叮嚀又叮嚀。然而，作用似乎很有限，彭楷的夏日酸味依舊飄散在這不流動的空氣中。

導師一直覺得彭楷不應該是如此讓同學退避三舍的孩子。「說真的，這孩子長得挺清秀的，體能表現在班上也是數一數二，但就是那味道、那模樣，一個衛生習慣不好，就讓同學們根本看不見他的好！真是可惜啊！」導師邊想邊搖頭嘆息。

難道彭楷真的不在乎自己的人際關係嗎？好像也不是。導師每回望著情緒低落的彭楷，失魂般地在走廊上遊走，或獨坐在座位上，看久了，總是讓人於心不忍。

「我該如何解套呢？我該如何讓彭楷爸媽知道這問題的嚴重性，而讓他們行動起來呢？」導師撫著下巴，認真思索著。

減少被討厭的祕訣指南

祕訣089 找出壞習慣的癥結
祕訣090 臭味相投，禁止！
祕訣091 小贏的威力
祕訣092 衛生好獎勵
祕訣093 清爽好認同

秘訣089

找出壞習慣的癥結

若孩子的衛生習慣總是無法改善，例如經常出現：不愛洗頭、不愛洗澡、不愛洗臉、不愛刷牙、衣服常弄髒或沒有適時更換乾淨的衣服、經常流鼻涕、挖鼻孔、指甲骯髒、身體常發出汗臭味或異味、桌子抽屜塞滿垃圾或吃剩的東西等狀況，這些令人嫌惡的表現，將持續造成人際關係的阻礙。

照理說，這些個人衛生事項，看似是在家裡由父母協助、提醒及叮嚀，就很容易可以改善的，因此，如果上述的問題持續存在，我們要找出問題的關鍵到底在哪裡？

例如，問題的癥結或許在於：家裡的衛生條件不佳，父母疏於照顧與管教，孩子明顯缺乏自律，生活習慣與自我照顧能力不佳，自我覺察能力薄弱，對於行為後果與代價（如同儕疏離、排擠、拒絕）無所謂等。

優先找出讓孩子無法保持良好衛生習慣的因素，一一詳列出來，以進一步思考如何解決。

祕訣 090

臭味相投，禁止！

有時尷尬的是，孩子的衛生習慣不佳，表現出來的模樣竟然和父母如出一轍。這時，就必須很嚴肅地回到一件事：父母本身是否曾經自我覺察到如此的「臭味相投」？

身教的威力無所不在，在良好衛生習慣的建立上也是如此。父母不希望孩子是那副德性，當然我們自己就不能是這副模樣。

試著和孩子一起動起來，為彼此的衛生習慣把關。自我清潔與保持乾淨，不需要等到年底大掃除那一天才除塵埃。讓每個小日子都能很清爽，無論外在，還是內在。

祕訣 091

小贏的威力

為了引導孩子培養良好的衛生習慣，**試著每日和孩子建立需要達成的「小目標」**，例如：出門上學前，做好洗臉和刷牙這兩件事。如果孩子還是無法自律完成，這時，父母可以從旁提醒與叮嚀、監督和協助，至少透過他律，讓孩子在這些小目標上，有小贏的機會。

請別輕忽小贏的威力，在這當中將讓孩子感受「我也做得到」的有能感。一步一步來，先從簡單且容易保持乾淨的方向做起。我想，孩子的改變，一種試著讓自己維持好乾淨的動機與執行力，是需要被肯定與回饋的。

祕訣092

衛生好獎勵

或許你會有點疑惑：「喔！拜託，刷牙、洗臉、洗澡、洗頭或穿乾淨的衣服，不就是孩子自己平時該負的責任嗎？怎麼現在連這些雞毛蒜皮的小事都要給獎勵？會不會本末倒置了。」

請先不要落入「獎勵等同於物質」這件事。

除了物質，**你的眼神注視、微笑、擁抱、拍拍肩，甚至於你的一句肯定話語**，都是一種社會性的增強，讓孩子如此的好行為能夠再度出現。

獎勵怎麼給？給物質、給權利（例如使用3C產品或玩遊戲的時間），或給予社會性回饋，我想沒有一定的答案。但是，你可以透過對孩子的了解，從中找出最適合他的答案。

不過，請提醒自己，獎勵僅是一種階段性的做法，它終有退場的一天。這麼做的目的，在於讓缺乏自律的孩子，優先透過他律，在你的協助下，逐漸模塑出他的良好衛生習慣。

祕訣093

清爽好認同

有時最好的獎勵，會是來自於他的好習慣，換來了班上的好夥伴對於自己的接納與認同。這是最珍貴也最具有威力的。

引導孩子看見良好衛生習慣與人際關係的關聯性。同時，讓他感受到自己正在經驗著這份被接納與認同的好滋味。

試著幫孩子說出來，例如：

「彭楷，媽媽發現你這一個禮拜都能自動自發地洗好臉、刷好牙，再出門上學，這是很棒的一種改變。班上同學已經有看到你的努力，也很喜歡你現在這樣的清爽感覺，並且很樂意和你一起玩喲。」

人際關係第5招

減少委屈

非學不可之減少委屈

在人與人的互動之間，施與受，像一波波的潮水般你來我往，時而波濤洶湧。施的這一端發出強勁的力道；受的那一方有些欣喜接受，有些勉為其難，有些則敬謝不敏。施與受，不是想給就給，單方面說了算。施與受，關係著彼此的感受。

朋友的殷勤或好意，常讓孩子感恩在心裡。但當對方的分享讓自己左右為難──答應也不是，總讓自己感到勉強；拒絕也不是，怕壞了對方的好意。此時，如何學會委婉的拒絕，特別是讓自己安心、讓對方不感到傷害，是一門學問。

沒有人喜歡被指使。美其名的「請託」，其實中間摻雜了許多的無奈、心酸、勉強、委屈、不甘心、不願意和被強迫等感受。如果這種幾近霸凌的「施」，一直深藏在孩子的心中未曾掀開訴說，那麼，孩子所承受的重，他是否能夠負荷？

當孩子被栽贓，所有懷疑的眼神同步聚焦在自己身上時，你一定可以想像那股心中帶著委屈的憤怒之聲是多麼的激烈。如果大人的處理少了細膩，而多了粗糙的妄下定論，那更是令孩子情何以堪。

自己的意見能被認同、能被接受，是一種自我的肯定。但人與人之間的互動，總會有順著你的心或逆著你的意的不同情況。有時，意見不被採納是很自然的一件事，卻要看孩子如何詮釋與解讀眼前的現象？不同的選擇，也決定了自己的心情與反應。

非學不可之減少委屈，讓孩子不再勉強自己。順著自己的心意，坦然表達出自己的想法，鼓起勇氣，不再視拒絕為難題。同時，了解被指使而不敢拒絕的脆弱背後，可以試著微調、修正、改變自己的想法與行動。面對栽贓，孩子需要你我的信任與支持做為靠岸的臂彎。協助孩子破解「一定得如何、非如何不可」的迷思。傾聽、接納、尊重、支持別人的意見，有時勝過於堅持己見的執著。

問題十七
如何讓孩子學會拒絕？

「ㄟ！你不吃啊？這我請的耶，試試看啦！真的很好吃，這可是我爸從日本帶回來的喲。」曼曼將手中已經咬了一口的巧克力推到小妮的嘴巴前，只見小妮尷尬地輕搔著頭，想推卻、想拒絕，但又說不出口。

「真的試試看啦！又不是要害你，你沒看我都吃了一口？嗯，拿去吃，試試看啦！」曼曼的手臂伸得更直了，手中的巧克力距離小妮的嘴巴只剩不到一公分的距離。這時，小妮仍然只能像個木頭般杵著不動。

「噁心死了，我最討厭吃人家咬過的東西，更何況又是巧克力！」小妮的心裡立即浮現出這個抗拒的聲音。但她很清楚，這個聲音只能靜靜地放在沒有人知道的心裡。更何況，眼前的曼曼又是她最麻吉的朋友。在回家的路上，如果沒有她的陪伴，那麼自己可就孤單死了。

曼曼有些皺著眉，嘟起嘴來，原本又圓又亮的雙眼瞇成像一條線。「你到底吃不吃?!」曼曼低沉的語氣，讓小妮緊張地吞了一下口水，因為她知道自己不能惹曼曼生氣。

「好啦，好啦！我吃，我吃！」小妮勉為其難地接過曼曼手中的巧克力，但那被咬上一口的痕跡，似乎邪惡地像是張大著犀利的眼猛盯著自己。「吃？不吃？吃？不吃？」小妮的心裡交戰著，只見曼曼似乎越來越不耐煩，雙手扠著腰。

小妮閉著眼，還是妥協地咬了一口，或者說僅是輕輕碰了、與巧克力親吻一下。

「ㄟ，小妮，你很沒誠意耶！」

「好啦！好啦！」瞬時，小妮張大嘴狠狠地咬上了一口，只見巧克力剩一半。

這滋味令小妮感到難受。不只是她對巧克力會過敏、對於吃別人口水的厭惡，更包括了那股勉強自己意願的不舒服。但是，她又擔心壞了曼曼的心情，只好強迫自己吞進去。

小妮的眼眶有些微濕，當然，這難過的情緒不能讓曼曼察覺、看見。只能說，曼曼是自己最好的朋友，她總能讓自己不會感到寂寞。

小妮心想：「但是，我真的要委屈自己接受一些討厭的事嗎？這回巧克力不會是最後一次，因為曼曼愛吃零食又愛分享。下一次，我該怎麼辦？難道好朋友就要這樣嗎？」

減少委屈的祕訣指南

祕訣094 「不」沒有那麼黑、那麼壞
祕訣095 委婉的拒絕
祕訣096 拒絕的時刻
祕訣097 就事論事的拒絕
祕訣098 轉個彎，「變通」一下

秘訣094

「不」沒有那麼黑、那麼壞

孩子很怕向對方說「不」，特別是對於要好的朋友。深怕一個包含「不」字的「我不想」、「我不要」、「我不行」，壞了彼此的感情。

但是，我們要試著讓孩子了解，「不」其實沒有那麼黑、那麼壞。而為了讓孩子能夠很釋懷地說「不」，這時，如何協助孩子調整對於說「不」的看法，以及重新以合理的方式來解釋「不」這個字，就顯得相當重要。

讓孩子理解，向對方說「不」，僅是針對眼前這件事。例如：自己的體質不適合吃巧克力，清楚表達自己的狀況。但拒絕巧克力，並不等同於拒絕對方整個人。讓孩子避免陷入以偏概全的想法陷阱，而勉強自己的意願，壞了自己的心情。

秘訣095

委婉的拒絕

拒絕是一種藝術，甚至於是一種需要行動的藝術，也就是說，孩子平時需要透過不斷地演練，來好好練習說「不」。

如何向對方說「不」，同時又讓對方感受舒服？我想，**「委婉、輕柔，清楚表**

達自己的狀況，再多加個微笑」，是一種黃金組合。

「曼曼，謝謝你的好意喲。看著巧克力，真的讓我的口水直流，也好想咬一口。但是好可惜，我對巧克力會過敏，就像我爸對蘆筍會過敏、我媽對花粉會過敏一樣，不太能夠碰。這回只能羨慕地看著你吃，真的謝謝你的好意喲。」

讓朋友清楚你的狀況，我想貼心的對方能懂、會懂也願意懂，更何況是孩子心中的好朋友呢！

祕訣 096

拒絕的時刻

「Moment」（時刻），沒錯，好好引導孩子覺察自己該拒絕的「moment」。

在什麼時刻，孩子該清楚地向對方說「不」？試著引導孩子表達看看：

● **自己不願意做的事。**例如心想：「噁心死了，我最討厭吃人家咬過的東西，更何況又是巧克力！」讓孩子知道，如果這件事明顯違反了自己的意願，就該是拒絕的時候。

● **自己不能碰的事。**例如，平時對於巧克力過敏，很抱歉，該說「不」就說

「不」，這可開不得玩笑。當然，其他違反社會規範的要求，更是該斷然拒絕。

●**自己做不到的事**。讓孩子清楚了解自己的能力，有時，自我衡量是非常關鍵的指標。避免任意答應對方，輕易承接自己做不到、超出自己能力範圍的請求。

秘訣097

就事論事的拒絕

請再度讓孩子了解，「拒絕」兩個字，並不是一道牆，說了就會橫在與朋友的關係之間。

當孩子面對是否該拒絕的兩難情境而焦慮不安，也正提醒著我們要適時留意，孩子對於周遭人、事、物的解釋，是否存在著非黑即白的概念——當朋友，不然就是絕交；一說拒絕，馬上不成朋友。

這種開關式的想法，往往會讓孩子在人際關係中，陷入強迫自己「一定」要如何如何，「不然」就會如何、如何的陷阱中。

引導孩子了解，**朋友之間會存在許許多多需要彼此溝通、協調的事物。因此，讓自己接受「就事論事」來看待是否拒絕這件事**。今天因為過敏體質所以不適合接受對方巧克力的分享，但改天如果換成可以碰的零食，例如蝦味先、青箭口香糖、脆笛酥或北海鱈魚香絲等，當然自己就可以欣然接受。

因為對部分事物的拒絕，就事論事的拒絕，讓朋友能夠對於自己的想法、感受與行為更加了解。適度地拒絕，反而讓彼此的心更貼近。

祕訣 098

轉個彎，「變通」一下

有時，讓孩子左右為難的是，朋友的做法讓自己顯得尷尬。例如：邀請你一起喝飲料，但用的是同一根吸管；或是請你吃麵包，但是朋友卻先咬了一口。

遇到這種情況，如果孩子在意的是那用過的吸管或咬過的那一口，而陷入該不該拒絕的兩難，建議你，**平時可以多讓孩子學習變通，甚至於先下手為強，早一步做反應。**

例如：再多要一根吸管，分別用各自的吸管喝飲料，或嘴巴不碰觸瓶口，倒出來喝。至於麵包，可以隔著塑膠袋把麵包撕下一小塊，意思就到了。

要變通，就得平時多勤快練習。動動腦，轉個彎，和勉強說再見。

問題十八
孩子容易被指使怎麼辦？

「ㄟ！舒跑哥，幫個忙，跑個腿，帶個三瓶飲料回來吧！不夠的，你就先墊一下囉！」龍哥把手上的兩個十塊錢銅板丟在蘇平的桌上，補了一句：「動作快一點，別坐在那裡發呆，上課前我和小弟們可是要先舒跑舒跑、舒暢舒暢。」隨後大搖大擺地走出教室，綽號「薏仁」的林義仁與「泥鰍」的何秋山則像個小跟班尾隨在後。

蘇平將課本收回抽屜裡，拾起桌上的二十元，另一隻手從褲子口袋掏出一個五十元銅板，以及幾個一元零錢握在手中，不發一語地，以小碎步往中正樓的方向跑去。依先前的經驗值，從博愛樓三樓教室下樓越過籃球場，跑到中正樓一樓樓梯間的販賣機，再折返跑回教室，不一會兒上課鐘聲就會毫不留情地響起。

當然，蘇平心中對這一切是萬分不願意，但如果沒有聽從龍哥的「請託」，他實在無法想像自己會有什麼後果。雖然，龍哥似乎也從來沒有對他怎麼樣，光是他帶有分量的說話語氣，就足以讓蘇平在心裡直打哆嗦。

從博愛樓往販賣機的這段距離不能說不遠，如果再加上略有速度的小跑步，其實對於蘇平來說多少有些負荷不了。更何況，加上龍哥的「請託」所形成的情緒低氣壓，以及口袋裡這回買完飲料後所剩無幾的零用錢，一想到又要找理由向媽媽要錢，蘇平額頭上的冷汗就直流。

「蘇平，為什麼你最近的零用錢花得這麼凶，不是上個禮拜才多給了你兩百？」昨晚對於媽媽的質問，蘇平有些心慌地撒了個謊：「喔，最近天氣熱啦！所以在學校飲料就多喝了些。」

話一說完，他自己猛吞了口水，因為他看得出來，從媽媽的眼神中透露出對於這些託詞的不以為然。畢竟，說謊不是蘇平所擅長的事。

當然，龍哥的「請託」不僅僅是跑腿買飲料。有時，幫忙代抄筆記、影印講義；有時，他們考試作弊，被要求要謹守祕密；有時，餐盒、碗筷，也同時順便洗洗。

更讓蘇平吃不消的是，最近連「薏仁」和「泥鰍」也開始有樣學樣地仿效龍哥，對自己指使起來。

「為什麼他們總是只對我，卻不找別人？難道我就應該如此理所當然地被使喚嗎？」胸前抱著三瓶舒跑賣力跑回教室的蘇平，流著汗，邊喘邊想著。

減少委屈的祕訣指南

祕訣099 呵護「心」感受

祕訣100 拒絕的勇氣

祕訣101 發現脆弱背後的訊息

祕訣102 指使的代價

祕訣 099

呵護「心」感受

當孩子總是處在被指使的情況中，那種心裡的感受，其實相當的複雜。有時孩子感到委屈、覺得無奈，有時厭惡，有時害怕，有時不安，有時疑惑。當然，這些感覺有可能交替或同時存在。

請記得，當你感受或發現到孩子已經陷入被指使的困境，請優先呵護他的感受。孩子的心，需要你的陪伴、支持與同理。

「蘇平，媽媽感覺到你相當的無奈、委屈，甚至於厭惡這種被指使的感覺。我想，或許你的害怕與不安，讓你不得不勉強自己順從龍哥、林義仁與何秋山那些不合理的要求。」

幫孩子說，因為這些感受往往令他們難以開口。當你可以感覺到他的情緒，孩子的心，或許多少能夠被你呵護，不再脆弱。

祕訣 100

拒絕的勇氣

要讓孩子學會拒絕對方的指使，這是一場需要勇氣的不斷練習之路。

勇氣，並非你單純開口說了，孩子就會自然而然地燃起。要讓孩子鼓起勇氣，多少就得教孩子如何面對。孩子需要有拒絕被指使的方法，而這些功力需要你的私下傳授。

當對方開口指使：「ㄟ！舒跑哥，幫個忙，跑個腿，帶個三瓶飲料回來吧！不夠的，你就先墊一下囉！」這時，蘇平可以試著拿出平時演練的招式來過招，例如：

●微笑，不回應。（能微笑多久就多久。）

●專注在自己眼前的事物，不予理會。（必須在心中反覆告訴自己：「做該做的事、做該做的事」，然後持續強迫自己做當下該做的事。）

●直接告訴對方，很抱歉，不方便幫忙。（雖然，這時講話的聲音可能有些顫抖，但請深呼吸，一個字、一個字，慢慢說。）

●掉頭，往老師、人群多的方向走去，或找人問問題。（至少有人可以壯膽，有你，我不怕。）

當孩子有了成功經驗，並且慢慢累積，你將發現，如此拒絕的勇氣指數，也能攀升到高點。

祕訣101

發現脆弱背後的訊息

人際關係是一種雙向的互動。在指使與被指使之間，往往也反映出雙方的某些特質，間接也強化了這種關係的存在。

孩子總是被指使，當然並非他的錯，但或許從這關係中，提醒了我們思考：眼前這孩子脆弱的背後，到底是要告訴我們什麼訊息？

試著釐出孩子容易被指使的問題點。這些點，就像一顆顆甜滋滋的糖果，吸引著像龍哥、林義仁與何秋山等人，一次次地來嚐甜頭，加以指使。例如：

- 不敢把委屈說出口。
- 說話音量太小聲。
- 身體姿勢與動作讓對方覺得畏縮。
- 不敢當場拒絕。
- 常容易被說服。
- 常落單，獨來獨往，疏離，沒有親密的朋友。

但請再次提醒自己，**澄清上述特質，並非是要將孩子容易被指使的情況，歸咎於他本身特質或能力的錯**。只不過，如果能夠試著發現孩子脆弱背後的訊息，並依他的需要給予協助，多少能夠降低未來再度被類似指使的機會。例如：協助說話音量微弱的孩子學習展現表達的氣勢，並練習放大音量，開口說。

秘訣102

指使的代價

當孩子總是被特定的人指使，多少也反映著指使者似乎沒有經驗該有的後果。當班上存在這樣的現象，身為老師的我們就必須來思考，針對這件事，自己做了哪些努力，讓指使者承擔該有的代價。

或許，你可能會說：「有啊！我有處罰龍哥、林義仁與何秋山他們啊！」

但是，這裡所謂的後果或代價，關鍵在於對指使的人，在行為上能夠有抑制的作用。或許，我們可以想想：「要怎麼做，龍哥、林義仁與何秋山他們才不會再指使蘇平？」這樣一來，答案便浮出水面——**除非他們對於所承擔的後果相當在意**。為了迴避這後果，所以乾脆就不再犯指使的錯。

每個人所在意的後果不盡相同，對於龍哥有作用的，卻不一定對林義仁或何秋山有反應。如何選對適當的代價，或許也考驗著我們對這些孩子的了解到哪裡。

問題十九
孩子被栽贓了怎麼辦？

「怎麼辦、怎麼辦，我的悠遊卡不見了，怎麼辦？」小鈺慌亂地翻找著自己的書包，把所有的課本一本一本拿出來，快速翻閱及抖動著。這時，倩倩與美珠也在一旁幫忙仔細尋找。

「怎麼會這樣啦！我昨天才剛加值五百元，怎麼會不見了啦！」小鈺急得快哭出來了，「完蛋了，回家一定會被我媽罵死了。」

「這真的很麻煩，悠遊卡長得都一樣，又不像是大人的身分證上面還有貼照片。」倩倩邊找邊說著。

「那小鈺，你的悠遊卡上面有照片嗎？」美珠突發奇想地問，結果被倩倩瞪了一眼。「我說你這個美珠，有誰會把照片貼在悠遊卡上的？搭捷運，刷過你的臉，還會嗶一下的？」

小鈺低著頭在抽屜裡一遍又一遍地毯式地找著，沒心思去注意她們倆的對話，只是不時焦急地自言自語：「到底是誰把我的悠遊卡拿走的？到底是誰把我的悠遊卡拿走的？」

「要不要跟老師講，說小鈺的悠遊卡被偷了？」美珠大聲嚷著。

「被偷？誰的東西被偷？你們是說班上有小偷？」阿康突然走向前，露出誇張的表情問。「我們班上有小偷？偷什麼？」

「是小鈺的悠遊卡被偷了！」美珠義憤填膺地回答。

「我也不知道是被偷走，還是忘了夾在哪裡？但是早上出門還有在用啊！我還把7-ELEVEN的點數貼在上面的，怎麼會不見了？」

「我看還是跟老師報告好了，不然，班上的小偷沒有被捉出來，下回又不知道是誰的東西會被偷走？」阿康一臉正經地說著，一旁的美珠也點頭如搗蒜地附議。倩倩則轉頭看著心急如焚的小鈺，想聽聽她的意見。

「你們是說這一張悠遊卡嗎？」眾人的目光全部轉向說話的瑞升。

「你在哪裡找到的？」美珠拉起嗓門問。

瑞升緩緩地將目光轉向倩倩，「嗯，我剛剛是在倩倩的抽屜裡發現的。」

「你亂說什麼?!」倩倩尖叫著。

「什麼？原來倩倩是小偷！」阿康補上一句。

「阿康你亂講，我才不是小偷！瑞升，你在胡說什麼！」倩倩氣急敗壞地嚷著。

「怎麼會是你？這太可怕了吧！倩倩，小鈺可是你的好朋友耶，你怎麼可以偷好朋友的悠遊卡？」美珠不可思議地問。

「我沒有！你們不要聽瑞升亂說！我沒有！」倩倩情緒激動地反駁，小鈺則是半信半疑地望著眼前的好麻吉。

「你們在吵什麼？」趙老師走進教室，對著圍在一起的他們問著。

「老師，是小鈺的悠遊卡不見了，結果瑞升在倩倩的抽屜裡發現。」美珠自告奮勇地說著。

「嗯，倩倩是小偷。」阿康又補上一句。

減少委屈的祕訣指南

祕訣103　傾聽憤怒之聲
祕訣104　相信的臂彎與支持的靠岸
祕訣105　細膩的應對
祕訣106　不要粗糙下定論
祕訣107　先沉澱，再詢問
祕訣108　説服的證據
祕訣109　預防標籤上身

祕訣103
傾聽憤怒之聲

當孩子被栽贓的那一剎那，第一時間浮上心頭的感受，每個人不盡相同。或許是訝異，是不解，是委屈，是憤怒，是激動，是莫名其妙，甚至於是這些不同情緒的反覆交錯。

面對栽贓事件，在事實未明朗前，請先換位感受及反映孩子上述這些負向情緒。很自然、很真實，請優先同理，而孩子的憤怒之聲也會不斷在心中翻騰，同時備感委屈。

秘訣104

相信的臂彎與支持的靠岸

面對周圍同學、朋友、老師或家人的懷疑，總是讓被栽贓的孩子感到羞愧與難熬。

請伸出你的臂膀，展現出你對於孩子的信任，將你的臂彎讓孩子感受到溫暖。

請提醒自己，**孩子將透過你的眼神、表情、肢體語言、身體姿勢與動作，以及說話的語氣、內容和語調，而感受到你的相信。**

面對被栽贓的暴風雨，你的支持將是一座穩固的靠岸。

祕訣105

細膩的應對

在教室裡，在眾人之前，當那一聲「嗯，我剛剛是在倩倩的抽屜裡發現的。」「什麼？原來倩倩是小偷！」這時，所有人的懷疑目光將會在第一時間，同步轉至當事人的身上。但，沒有人喜歡被當作是賊。

這時，正考驗著老師的智慧及需要老師細膩的應對，提醒自己**不在眾人面前處理這件事情。**

「各位同學先回到座位坐好，準備上課了。」

請優先維持你的教學節奏，暫時先不介入。在狀況未明朗前，請尊重孩子的隱私及感受，隨後再找適當時間私底下處理。

祕訣106

不要粗糙下定論

雖然，悠遊卡是瑞升說在倩倩的抽屜裡發現的。但是，請提醒自己，不要馬上粗糙地下定論。在證據未明前，別給孩子亂定罪。

「悠遊卡為什麼會在你的抽屜裡？」請不要這麼問，這樣的問法似乎已經先對

當事人羅織罪名了。

（謎之音：說真的，當孩子被栽贓時，他如何回答你這個問題？）

祕訣107

先沉澱，再詢問

給自己多一點的時間，別急著一定要馬上破案或結案。**特別是在證據未明前，多些餘裕，會讓自己的思緒清明些，情緒穩定些。**

你可以分別詢問發現者（瑞升）、遺失者（小鈺）與被栽贓者（倩倩），關於自己與悠遊卡的關係——讓他們分別各自表述發現的具體過程、遺失前後的過程，以及當時自己正在進行的事，與當下所接觸的人事物。

祕訣108

說服的證據

試著將相關人的陳述做一個整理。**請提醒自己，幾分證據說幾分話。**同時，對於所有蒐集到的訊息進行抽絲剝繭。慢慢來，你需要有實事求是的精神。

必要時，在一段時間之後（也許數小時或數天），再和相關當事人進行晤談，請彼此再陳述一次，以確認陳述是否維持一致性。

秘訣109

預防標籤上身

對於被栽贓的孩子，除了他的滿腹委屈與憤怒、無奈之外，這時，老師**必須留意班上同學對於當事人是否開始產生負面標籤**，例如：認為倩倩就是手腳不乾淨、不誠實、壞孩子，甚至於認為她就是小偷。

一個孩子在被栽贓之後，對於心理上來說，就像劃上了一道深深的傷口。隨著時間的流逝，心中的小傷疤仍然會存留著。如果確認孩子是被栽贓，老師有義務維護當事人的清白，同時，協助孩子回復在班上的人際關係。

問題二十

孩子的意見不被採納怎麼辦？

「阿洛爸，你有沒有發現阿洛最近回來後，變得沉默不愛說話。不曉得在學校到底發生了什麼事，實在讓我很擔心耶！」

「那孩子平時不是很愛發表意見嗎？怎麼這回變了個樣？是身上電瓶耗盡沒電嗎？那就充個電試試吧。」阿洛爸原本想說幽默一下，但顯然阿洛媽並不領情。

「我在跟你說正經的，你還在嘻皮笑臉跟我開玩笑？這孩子不該是這副模樣，一定是在學校遇到了什麼挫折，不然以他平時那麼開朗、愛分享的個性，現在應該和我們坐在這兒吃飯、聊天，不是嗎？」

「啊，你沒問問他，到底是怎麼了？」

「拜託，這還要輪到你提醒？他一回來我就問了，重點是他根本不說。回到房裡，門立即上鎖，也不知道他在裡面幹嘛。我是一直看他不出來，有些擔心，就偷偷地隔著房間的門，看能不能聽出一些端倪。只是隱約聽到他忿忿不平地抱怨，說些什麼：『你們的意見都對！我說的都是放屁！』」阿洛媽露出疑惑的表情望著阿洛爸，「那孩子到底在說什麼啊？」

「依我對阿洛個性的了解，我猜他應該是自尊心受損，意見沒有受到同學的重視或採納啦！」阿洛爸胸有成竹地說著。

「你這麼神？從一句話就可以猜出阿洛在班上的狀況？」阿洛媽有些不以為然。

「雖然孩子平時大小事都是你在料理，但阿洛這孩子在某些特質上，可是忠於原味地遺傳到我這個做爸的。你多少也知道，在職場上我也是愛發表意見、捍衛自己意見的。當然，我們父子倆對於自己的想法是很有自信的。所以，如果自己的意見沒有被採納，那心中當然不爽快。拜託！這可是面子之爭耶！怎麼能低頭就範。」

「嗯，哪有每次意見都要被接受的？如果這樣，那還討論個屁！」

只見老公睜大眼，不可思議地直視著自己，阿洛媽頓時才發現自己怎麼突然那麼不文雅地說了個「屁」字。

「哎喲，不要這麼瞪著我看啦！我只是說溜嘴啦！我的意思是，既然是討論，就應該會有不同的意見出現，當然也就不會每次人家都同意你啊！有時傾聽、接納別人的想法，不是也不錯嗎？哪來那麼多自尊心受損。」

阿洛媽沒對老公說出口的是：

「自尊心，能當飯吃嗎？」

減少委屈的祕訣指南

祕訣110 不存在的「一言堂」

祕訣111 反問自己

祕訣112 破解「一定」的迷思

祕訣113 跨越柵欄，說服對方

祕訣114 盡力配合，展現能力

祕訣 110

不存在的「一言堂」

孩子需要體認到一件很現實、但是對自己或許很殘酷的事——在校園的班級團體裡，很難存在一種「我說了算」，不願意聽從與採納別人意見的不民主作風。更何況，如果孩子本身在班上又不是屬於領導者的角色，更不可能存在著如此的一言堂。

認命，對於孩子的壓力因應與調適，有時未嘗不是一種好的選擇。讓孩子接受「不存在的一言堂」這件事，認命地接受沒有哪一個人的意見會被全盤的採納。這就如同阿洛媽所言：「哪有每次意見都要被接受的？如果這樣，那還討論個……」（屁，請消音。）

意見被接受，意見被否決，意見被參考，意見被修正。請讓孩子知道，這些在人際關係裡都是自然而然的事。

祕訣 111

反問自己

大部分的孩子多少都希望自己的意見被採納、被認同。但正因為希望如此的人太多了，多少也暗示著有一大部分人的意見可能會被擱置、否決或忽略。

重點來了，試著引導孩子思考，反問自己：「為什麼我的意見一定要被接受？」請越具體描述，越具體回答越好。

或許你可能常聽到孩子如此的回應：「反正，他們就是要聽我的意見，我不管！」「反正」這兩個字，已經明顯地告訴我們，孩子的思考正陷入負向的漩渦裡，跳脫不出來。「反正」的想法不斷地湧現，其實也說明著孩子對於想盡辦法讓自己的意見被採納這一點，不會有積極的作為與改變。

「我不管！」說真的，在班級團體裡，也沒有人會管你。到頭來，讓自己的情緒難受，承擔的也是自己。

再次引導孩子思考：「為什麼我的意見一定要被接受？」順利的話，或許孩子會說出一些理由。**無論這些理由合不合理，請試著讓他說**，我們就有機會了解孩子內心如何看待與解釋關於「意見被採納」的重要性。或許也可以找出，哪個想法是成為壓倒孩子自尊心的最後那一根稻草。

祕訣112

破解「一定」的迷思

「為什麼我的意見一定要被接受？」這句話，值得玩味的地方在於「一定」這兩個字。這兩個字，用在不同的地方，對於孩子的情緒與人際關係的發展，結局可能會南轅北轍。

例如：「阿洛，明天記得把iPod帶來還我喲，我哥哥在催了。」「一定一定，我明天一定帶來學校還你，請放心。」這時，「一定」兩個字反映了阿洛對同學的承諾，以及對自己借還行為的負責。

但是當「一定」兩個字，出現在「我的意見一定要被接受」這個念頭裡，就像孩子拿著鐵樂士灰色噴漆盡往自己的想法噴去，滿滿的灰色、不合理的思考，將籠罩著孩子。漸漸讓自己變得缺乏彈性，無法變通，進而讓情緒也負面起來，例如生氣、憤怒、忿忿不平、沮喪、落寞、失落等。而行為上也很容易跟著疏離、退縮起來，拒絕與同學溝通、互動。

請和孩子一起學習，如何謹慎使用「一定」這字眼。

祕訣113 跨越柵欄，說服對方

當孩子提出一套自己的想法，卻面臨被否決的狀況，多少也表示著自己所提的內容仍然有待改善、修正與調整的地方。從好的角度來看，可以重新審視自己的內容，提升為更成熟或更符合大家利益的做法。

讓孩子知道**抱怨並不足以成事，反而會讓自己陷入懊惱、低落、忿忿不平的情緒**，更容易讓彼此的人際關係更為撕裂。當孩子仍然堅持或期待自己的意見被採納時，或許試著讓他以更周延的道理或方案說服對方，來跨越那道不被採納的柵欄。

祕訣114 盡力配合，展現能力

當孩子面對自己的意見不被採納，已成定局時，他需要有一股轉換的能量，調整自己的心態，全力配合其他人的想法，盡全力讓自己的能力充分發揮，展現自己的能耐。**讓對方看見，自己的意見雖然沒有被接受，但仍然傾全力配合。**

這一點對人際關係的調整與維護，是很好的潤滑劑。

人際關係第6招

減少討好與衝突

非學不可之減少討好與衝突

在人際關係中，希望留給對方好印象、同時建立良好的友誼，是非常自然的一件事。只是，該透過什麼樣的方式讓對方印象深刻、友誼長存，也正考驗著孩子的社交技巧純不純熟。這一點也影響到了當孩子遇見人際窄巷內的死對頭時，是否會選擇以拳頭相向。

以目前網路社群中的FB為例，在虛擬世界的朋友數，往往是孩子在現實生活中所無法企及的。同樣地，逢朋友的訊息就按讚，甚至於無時間差、超完美的秒讚，也在在成為孩子獲取對方注意及表達好感的方式之一。只是，在按讚的背後，孩子怎麼想？

努力討好、留住好印象、積極發展及維護彼此的朋友關係，讓我們看見了孩子對於人際關係的強烈需求與十分在意。只是，當物質的餽贈與給予成了孩子建立交友的主要模式，自然也改變了彼此對於朋友的定義。

相反地，有些孩子在人際上，總是厭惡遇見「頻道不對稱」的人。就像黑羊與白羊狹路相逢，當遇見死對頭時，總是讓孩子心中燃起一把火。而當這把火是雙方兩人都選擇點燃，誰也不相讓時，一場人際的星星之火就足以燎原。

在某些孩子的經驗中，暴力代表了「一拳定江山」——許多的紛爭、困擾，就讓這個拳頭來解決。的確，暴力有時會讓孩子感受到問題解決的甜頭，特別是當自己的拳頭比別人粗、揮、揍下去的力道驚人，讓人不敢苟同、領教時，更是如此。然而，拳拳相見的惡性循環，對於人際關係的維護是很耗損的。

非學不可之減少討好與衝突，讓孩子自我覺察，自己每個按讚的舉動所要傳遞的內在訊息，以及提升對自我人際關係的信任感。調整並減少以物質做為建立友誼的媒介，真切地感受友誼的貨真價實，做好分享與慷慨的拿捏。並且有智慧地面對死對頭，例如微笑、沉默、繞路或拒絕再玩。讓孩子了解，非暴力的問題解決模式一定存在，只是在等待孩子去發掘與實踐。

問題二十一
孩子一心期待給朋友好印象？

「哇靠！你還真的是名不虛傳的『瘋狂讚士』耶！竟然在我的每個訊息上，處處留『讚』跡。ㄟ，你是閒閒沒事做，還是在給我磨練右手食指神功啊！」超勝一邊快速滑動著手機上的臉書塗鴉牆，一邊露出得意的笑容揶揄著一旁的小蔚。

「哎喲，我的超勝哥，你不知道我多有誠意，不辭辛勞地為你們按讚，而且還一個都不能少。」小蔚邊說著，邊繼續對其他朋友的留言猛按讚，速度之快，可以想像他是連看都沒看就只顧著讚、讚、讚，一路狂讚下去。

「拜託，你是在按心酸的是不是？幹嘛，討好臉友也不需要用這一招好吧？你連看都沒看，只是在那邊讚來讚去。哪天我在臉書上寫個幾句來罵你，我看你會不會也繼續給它讚下去。」超勝不以為然地說著。

「哈！我讚，故我在啊！總比那些已讀不回的朋友好太多了。」小蔚似乎對於自己的狂讚舉動找到一絲絲的理由。但說真的，按歸按，其實心裡也還滿心虛的。只是這心虛卻是小蔚不願意去面對的真相。

「你很扯耶，你的臉書到底有沒有在更新啊！都快長草了，你知不知道？有閒工夫幫別人按讚，還不在自己的塗鴉牆上寫些訊息？轉分享也都行啊！」

小蔚苦笑著說：「唉！畢竟寫個留言，就怕……」他還來不及開口說完，超勝馬上接口：「就怕沒有人給你按讚啦！」

這一點，倒是說中小蔚的死穴。

「哎呀！分工啦！分工啦！就有人負責寫，有人負責按讚囉。」這句話，小蔚說得有些尷尬。他可以感受到臉上，因為羞愧而生的一股熱氣正不斷地冒出。

臉書對於小蔚來說，還真的有些愛恨交加。不用嘛，那幾乎斷了與所有朋友的交流；但用了嘛，卻也都是單向式的交流，沒有什麼回饋回來。就像他對超勝猛按讚，但很抱歉，縱使自己曾經發了訊息，超勝也不會有任何回應。

「哎喲，超勝的朋友太多了，我的留言擠不上他的塗鴉牆啦！或許他是沒看見。」小蔚常在心中暗自這麼想著，總該找個理由來讓自己好過一些。

說真的，「按讚」對小蔚來說快成了一種機械式的反應了。有按、多按，或許總會留給對方一些好印象。至少，按讚操之在己，不像等待對方按讚，心中的焦躁與失落也相對少多了。

減少討好與衝突的祕訣指南

祕訣115 按讚不等同於關心

祕訣116 按讚背後的失落

祕訣117 按讚所傳遞的訊息

祕訣118 找出按讚的關鍵念頭

祕訣119 好印象是什麼模樣？

祕訣 115

按讚不等同於關心

有時，孩子會天真地以為：「我對朋友的臉書訊息不停地按讚，讚得越多，朋友就會覺得我關注他越多。」但這往往是兩件事情。孩子很容易陷入一廂情願的解釋，以為「多按些讚，朋友就會感到我對他的關心」。

然而站在朋友的立場，面對同一個人不斷給自己按讚，有時反而會覺得對方「無所不讚」的動作是一種敷衍。

讚太多了，沒有絲毫感情，或許對自己的po文訊息連看都沒看，就像超勝對小蔚的揶揄：「你連看都沒看，只是在那邊讚來讚去。我看哪天我在臉書上寫個幾句來罵你，你會不會也繼續給它讚下去。」

與其「按讚」來表達關注與關心，倒不如**留下隻字片語回覆，讓對方更能夠了解你的想法與態度**。這樣多少也能夠多一些對話，拉近彼此的距離。

祕訣 116

按讚背後的失落

每個按讚的動作背後，其實都帶著不同的訊息。讀文，按讚，或許表達看過了、知道了、懂了，也包括我同意你、我贊成你、我支持你、我認同你。當然，也可能表示著「我不知道如何說」，按讚就對了。

但是，當孩子像小蔚這樣，按讚快成了一種機械式的反應時，孩子是否覺察到了在自己反覆按讚的舉動下，心裡那股深層的失落或其他負面感受？

「小蔚，雖然你不停地給超勝按讚，但媽媽感受到你有些無奈與落寞。是否如果沒有按讚這個動作，會讓你擔心與超勝的關係不熱絡，如果他也與你疏遠了，會讓你感到沒有朋友而失落？」

幫他反映，替他說出口。在孩子每個反覆按讚的動作背後，多少都有不同的故事等待述說著。

祕訣117

按讚所傳遞的訊息

人際之間的交流互動，如果能夠維持在實際的生活相處，當然最是理想。但是對於某些孩子來說，虛擬的網路世界多少能夠讓自己在脆弱的人際關係上，維持一絲絲的氣息，在人與人之間，感覺自己還有呼吸。

社群網站（例如FB）在一般人的生活與社交中，幾乎已像呼吸般無時無刻、無所不在。當然，有許多孩子也以此做為人際互動的媒介，特別是人際關係薄弱的孩子。以小蔚為例，不用它，那幾乎斷了與所有朋友的交流。

我們不妨換個方式想，試著從孩子使用這些媒介的方式，來思考其中所傳達的訊息。例如：自己發了訊息，對方卻沒有任何回應，於是索性改為單向式的交流，自己只顧按讚，不用面對可能被忽略的拒絕感受。

在這裡，是否讓我們看見了孩子在人際交友上的缺乏自信？是否太依賴對方的回饋與反應？孩子是否太在意別人對於自己的印象？

祕訣 118 找出按讚的關鍵念頭

每個動作，縱使只是一個小小的食指按讚動作，其實背後多少都有一個念頭在決定著。

或許你會疑惑：「有那麼複雜嗎？」（謎之音：啊我按讚，就只是個無意識的直覺反應耶！）當然，你可能也覺察不到這個關鍵的想法是什麼？但是，慢慢地抽絲剝繭，你將可以讓那些躲在深層的模糊想法，明朗地浮現出來。

如何找出按讚的那個關鍵念頭？試著引導孩子想想，例如：

「小蔚，在什麼情況下會讓你想要按讚？」

「按了讚之後，你覺得會有什麼情況發生呢？會改變什麼呢？」

「如果不按讚，你和超勝的關係會怎麼樣？」

「除了按讚之外，你有想過用其他的方法讓彼此更熟悉嗎？」

試著讓孩子心中那念頭浮現出來，再與他一起檢視這個想法是否合理。必要時，一起與孩子進行微調與修正。

祕訣119

好印象是什麼模樣？

或許孩子心想：「有按，多按，或許總會留給對方一些好的印象。」

「印象」？孩子是否知道他想要留給對方的是什麼印象？

引導孩子覺察並描述看看，他心中這所謂「好」的印象到底是什麼模樣。這裡，**多少能夠反映出孩子內心看待自己的方式，是否符合他人（朋友）的期待。**而這份期待是否合理？孩子是否實際具備了所被賦予的期待？還是這份期待是他天馬行空的自我想像？

無論如何，我們都會看到孩子那股期待被接納、被認同，能夠與對方維持好朋友的想望。

問題二十二
孩子傾向用物質來建立友誼？

「媽媽，你今天晚上要記得去7-ELEVEN幫我買六條黑嘉麗軟糖，我明天早上要帶到學校去。記得，不要忘了喔！」

「杰利，你們班不是不能帶零食到學校嗎？更何況，你一個人哪需要一次吃六條軟糖，你是巴不得牙齒蛀光光嗎？」

「哎喲！你不要管我啦！記得幫我買啦！」杰利有些急躁地催促著。

「好啦！好啦！買就是了。老是吃這些色素幹嘛？趕快去把功課寫一寫，等等我回來，就要簽聯絡簿了，不要再拖拖拉拉的，有沒有聽到？」

「哎喲！你也不要拖拖拉拉，趕快去買啦！」

杰利翻了一下抽屜，把壓在一堆評量底下的遊戲王卡拿出來放在桌上。他迅速地將正版卡抽出來放在夾鏈袋中，色澤不佳、印刷品質差的盜版卡則又塞回抽屜裡。除了等媽媽下樓買的黑嘉麗，這些正版的遊戲王卡也是明天準備帶到班上的利器。「嗯，沒錯，阿治與英捷最哈我收藏的怪獸卡。」想到這裡，杰利露出了滿意的微笑。

說真的，媽媽一直對於身為家中獨子的杰利在班上的人際有些憂慮。

「杰利媽媽您好，請叮嚀孩子不要再帶零食來學校，免得影響營養午餐的食慾，以及違反班上的規定而受處罰。」望著架上一排排的黑嘉麗軟糖，媽媽心中又浮現出導師在聯絡簿上的提醒。但拗不過杰利像牛一樣的脾氣，媽媽總是一次又一次地妥協。「只是，為什麼一次要買到六條黑嘉麗？怕缺貨也不是這樣啊！」

「阿治與英捷除了怪獸卡，再多一條黑嘉麗。另外，一條給貞貞，一條送廖文琪，一條就請菜頭貴好了。至於多的一條……」書桌前，杰利望著窗戶想著。三上數學隨堂演練翻開在三十六與三十七頁，除了第一大題用直式算算看，杰利做了三題外，其餘文風不動，一片空白。

杰利當然知道，明天班上沒有人生日。如果有，給的禮物當然不會只有軟糖或怪獸卡，而是要加碼到讓對方意想不到。他也記得上回在金玉堂買的水晶寶寶，似乎只有女生愛，其他男生則連瞧都不瞧一眼。也因此，貞貞與廖文琪都樂於多收好幾包。

只是，杰利有時也在想：「為什麼都只是我送人，而沒有人送我呢？如果，明天沒有黑嘉麗或怪獸卡，那麼……」

減少討好與衝突的祕訣指南

祕訣120 估算友誼的價值
祕訣121 分享與慷慨的界線拿捏
祕訣122 讓物質取得不易
祕訣123 超越物質的真感情

祕訣 120

估算友誼的價值

友誼只值黑嘉麗？友誼不如怪獸卡？**當孩子經常傾向以物質來討好或收買友誼時，或許你應該讓孩子估算看看，友誼的價值到底值多少。**

如同杰利的疑惑，「如果，明天沒有黑嘉麗或怪獸卡，那麼……」那麼阿治、英捷、貞貞、廖文琪及菜頭貴就不跟他當朋友的話，友誼的價值，大概就等於一條黑嘉麗或一張怪獸卡的價錢。

友誼這麼便宜？那麼這還算是友誼嗎？如果，孩子還是習慣用物質來建立友誼的話。我想你可以把這個問題丟給孩子好好想想。（謎之音：真正的友誼，無價！）

祕訣 121

分享與慷慨的界線拿捏

或許孩子會反駁你：「媽媽，我這不叫做賄賂、收買啦！哪那麼嚴重。這是一種分享，你應該肯定我很慷慨才是。」

或許你會聽得一愣一愣的：「嗯，孩子說得好像也滿有道理的。」但仔細再想想，你可能還是覺得哪裡怪怪的。

分享，很單純地分享，並不期待對方給予回饋。因此，如果杰利是很單純地僅想和同學分享黑嘉麗或怪獸卡的話，這時，就不能期待對方給予回饋，強迫對方硬要把自己當成是朋友，交換友誼。

同時，「分享多少」也應該要有限度的拿捏。黑嘉麗可以給，但並不表示需要特別請媽媽去便利商店買，再刻意送給對方每人一條。如果是分享，其實每個人只要平分幾顆軟糖，嚐嚐味道，彼此也就心滿意足，也能就此達到分享的目的。

另外，如同孩子可以和同學一起玩怪獸卡，但不見得就表示要將怪獸卡送給對方。除非自己家裡的黑嘉麗軟糖滿倉庫，或怪獸卡已經多得堆滿抽屜，不然，**分享應該在自己的能力範圍內，適可而止。**

祕訣122

讓物質取得不易

當孩子開口要東西，而隨叫隨到、取得容易，說真的，這時孩子對物質就不會太珍惜。因此，一旦背後有父母這兩位「大股東」支撐著，他就更容易以物質來交換友誼。

讓孩子想想，黑嘉麗軟糖一條多少錢，一張怪獸卡多少錢，一包水晶寶寶多少錢。重點來了，讓孩子思考買東西的錢「從哪裡來」？（謎之音：孩子當然直接脫口說，爸爸媽媽賺的啊！）為什麼他可以得到這些錢，來買黑嘉麗軟糖、怪獸卡或水晶寶寶？**他努力了什麼？做了什麼？付出了什麼？請不要讓孩子覺得什麼都是理所當然。**

如果孩子得到零用錢並不是那麼地容易，這時要取得這些物質就更加地困難。成本高，代價大，多少也可以抑制或減緩他用物質來交換友誼的做法。

祕訣 123

超越物質的真感情

當「物質」這一項交換友誼的利器被沒收了，頓時，可能會讓孩子顯得不知所措。「那我該如何交朋友？如果明天沒有黑嘉麗或怪獸卡，那麼……」

請感受到孩子此刻的焦慮、不安，這感覺很真實。

讓孩子知道超越物質的真感情。在友誼的建立上，其實還有許多他可以發揮的吸引力。而這些可是**實實在在的「友誼水泥」，有助於讓彼此的關係更加鞏固，同時，更是物質交換很難買到的真感情。**

哪些特質對於友誼的建立有幫助？讓孩子知道，例如：微笑、親切、貼心、善解人意、負責任、守信用、能傾聽、幽默、開朗、大方、講義氣、儀表清爽乾淨等。這些都是他可以超越物質交換，發揮優勢特質的所在。

問題二十三
孩子有死對頭怎麼辦？

「宇崴，你的死對頭又走過來喔！看起來臉好臭，不知道他這次又想幹嘛？」

「誰怕誰？這林大峰老愛找我麻煩，在教室裡這樣，在社區裡也是這樣，連在安親班也是如此，好像我欠他什麼。」

「我們要不要往回走？免得又要和他吵架，等會又被老師處罰不准下課，那不就倒大楣。」

「拜託，我又沒有做錯什麼事，為什麼要逃避？更何況，這麼做，不是又被他吃定了，而且我又不是俗辣！」

「巫宇崴，你剛才走過去碰到我的桌子，把我的鉛筆盒弄倒在地上，為什麼落跑，不跟我道歉？而且害我裡面的自動鉛筆筆芯撒了一地，斷了好幾根，你得賠我！不然，我就告訴老師！」

「林大峰，你神經啊！亂講什麼，誰碰到你的桌子？老是愛栽贓給我，你去告啊！誰怕誰？」

「你以為我不敢？」

「去啊！去啊！去告啊！」

宇崴對於大峰這一年多來的愛作對已經氣得忍無可忍，而且彼此之間的關係似乎是死結一個，無解。

「對啊！林大峰，你根本沒看見，為什麼就認定是巫宇崴撞到你的桌子？」

「陳子瑞，這不關你的事，不要在那邊叫叫叫。」

「什麼叫叫叫？我看是你無聊才在那邊像瘋狗叫叫叫！」宇崴拉高嗓門，伸出右手食指嗆回去。

其實，子瑞在旁一直很納悶，為什麼宇崴和大峰像個世仇般一直起衝突？當然，比較可以確定的是，宇崴在教室裡好朋友多，至少自己就是好麻吉一個。如果大峰不來找麻煩，說真的，宇崴也不會刻意去和他起爭執。因為自己這一群人，說說笑笑、嬉嬉鬧鬧、玩成一團都沒有時間了，更何況配合大峰吵架也打壞了自己的心情。

「你到底要不要道歉？賠不賠？」大峰雙手扠腰瞪著宇崴，一副得理不饒人的模樣，讓宇崴更是怒氣衝天。

「你到底有完沒完啊！幹嘛老是故意找我作對，是太羨慕我朋友多，是不是？真的是沒事找事做耶！」

宇崴心裡嘀咕著：

「怎麼有那麼討人厭的傢伙？像個蒼蠅似的老愛在旁邊飛來飛去讓人心煩。」

「如果你再不道歉，不賠，我就跟你沒完沒了！回到社區，你就知道！不然在安親班你也準備走著瞧！」

大峰撂下狠話，隨即掉頭離去。

減少討好與衝突的祕訣指南

祕訣124

拒絕再玩

兩個死對頭之間，當要破解如此的關係，至少其中有一個人需要有「拒絕再玩」的動機。否則，這場戲會不斷地、不斷地傳唱下去。

面對死對頭，誰要舉手說「NO」，不想再玩了？雖然這是一場讓自己氣得牙癢癢的遊戲，但**局勢的改變也會從說「NO」的這一方開始**。

祕訣
125

微笑對待

當孩子選擇拒絕再玩，但仍然會遇見自己的死對頭時，不如就從微笑對待開始吧！引導孩子自然而然地微笑，無論迎面走來的人是誰。微笑，總是能預先化解不必要的衝突或刺激。

當然，面對曾經的死對頭，要讓自己微笑以對是有些挑戰，甚至於在初期會是很大的自我挑戰。

孩子可能會疑惑：「我那麼討厭這個人，為什麼還要對他微笑？我根本笑不出來，不要對他發飆就已經很客氣了。」

請讓孩子知道，當自己微笑了，自己的情緒獲得控制了，自己的行為也隨之控制了。**不被對方左右自己的情緒與行為，至少這一局，是戰勝自己了。**（謎之音：好啦！也算是戰勝對方啦！至少你不受他影響。）

祕訣 126

前有落石，請繞路

好吧，如果孩子決定拒絕再玩，但還是覺得面對死對頭哪可能微笑得出來，這時，不妨提前讓自己這輛車「繞路」，這也是另一種選擇的方式。

或許孩子會有意見：「拜託，繞路？為什麼我遇見他要繞路？這樣不是顯得我很孬嗎？」

請提醒孩子，除非他想要與對方再續前緣（謎之音：沒有說是孽緣喲，說不定死對頭到後來，彼此還可能成為好朋友），激出火花，不然，提前主動繞道、迴避，也是一種降低雙方衝突的方式。

道不同，不相為謀。除非彼此還想在一起互動，否則不見得要勉強自己面對炮火。請讓孩子知道，**自己能夠選擇怎麼做，至少就是贏的一方，而不是被迫回應。**

祕訣 127

沉默的力量

嗯，死對頭迎面而來，孩子又選擇留在現場不願繞路走開……好吧！也行。但請讓孩子知道一件事：一個銅板不會響，兩個銅板響叮噹。當死對頭開始發出劈里啪啦的攻勢時，請提醒孩子「保持沉默」。

沉默，並不表示懦弱。眼神注視著對方，持續保持沉默。無論對方劈里啪啦有多強勁，發揮沉默的力量，繼續保持沉默，不為所動。

讓對方無趣地摸摸鼻子，知難而退。否則孩子的任何一句話，都有可能成為助燃對方攻勢的刺激點，因為有反應，所以再次強化了對方繼續跟自己玩下去的動力，進而耗損了自己的元氣。

秘訣128

送作堆

假如你是班上的老師，當面對班上兩個死對頭勢不兩立，彼此總是狹路相逢，誰也不讓誰時，或許來個**「送作堆」，讓雙方成為一組，賦予任務，共同合作，來個不打不相識，也許經過爭執後，彼此可能有改變的機會。**

說真的，天底下什麼事情都很難說，誰說死對頭哪天不會成為好朋友？如果你曾看過電視劇《巷弄裡的那家書店》，劇中的阿比與臭龜就是從死對頭變成好朋友的一個好例子。

祕訣 129

無風不起浪

或許你會疑惑，孩子為何老愛和對方互嗆，成為死對頭？這種疑慮也容易出現在其中一方，例如宇崴對大峰的反嗆：「你到底有完沒完啊！幹嘛老是故意找我作對，是太羨慕我朋友多，是不是？真的是沒事找事做耶！」

到底是哪一陣「風」激起了大峰的浪花，而讓他老愛找宇崴麻煩？或許你可以試著以對孩子的了解，將他的想法與感覺反映出來。

例如：「大峰，老師感覺你在班上有些孤單，特別是下課總是一個人玩或四處遊蕩。我想，雖然你常和宇崴像個死對頭般起爭執，但似乎這樣的互動模式反而讓你覺得自在些，至少有人和你吵，是不是這樣呢？」

試著聽見孩子心中的那陣「風」——一股吹起他製造死對頭衝突的內在關鍵想法。或許，解套的鑰匙就放在這裡。例如，總是找特定對象起爭執，來掩飾心中那股缺乏友伴關係的失落感或空虛感。

問題二十四
孩子愛用暴力怎麼辦？

這一拳，重重地落在阿希的左邊太陽穴，一陣哀號在放學後空蕩蕩的教室裡迴盪著。

「活該！誰叫你敢惹我。下回如果再這樣，小心我多補你兩拳！」大允緊握著略感疼痛的拳頭，壓下音量警告著痛苦蜷縮在一角的阿希。這時，距離放學後已經過了一個半小時。方圓數十公尺的教室周遭，沒有看見其他人在走動，倒是遠遠的籃球場上仍然有些人留下來PK鬥牛。

大允一股怒氣忿恨難消。他的壞脾氣在班上是出了名的火爆，但更讓同學畏懼的，是他那孔武有力的拳頭。吃過這拳頭的，不單單是這回的阿希，班上楊元浩、林廷光及田徑隊的黑仔也都領教過。

「下次你再給我亂說話，你就試試看，小心我再補上一腳！」上個禮拜五，在男生廁所裡，大允的拳頭直落在楊元浩的胸前，砰的一聲，頓時讓廁所裡的其他同學驚嚇地四散。一切只因為，楊元浩在補習班向自己的好麻吉偷偷說出大允喜歡班上晶晶的祕密。倒楣的是，隔天早自習這傳聞就進到大允的耳中。隨後，楊元浩就被尾隨到廁所的大允補上這一拳。

當然，大允不長眼的拳頭，有時也為自己帶來了一些苦頭，學務處幾乎成了他三天兩頭需要去「打卡」的所在。只是，去歸去，罰歸罰，過照記，仍然沒有削弱大允以暴制暴的解決方式。上體育課時，和林廷光因為搶球而起衝突，他一拳擊中了對方的肚子；放學後在COMEBUY冷飲店前，他和田徑隊的黑仔互看不爽，一個用腳踹、一個出拳頭而彼此掛彩。COMEBUY事件因為發生在校外，被社區居民投訴到校長室，讓學校顏面無光，雙方的家長也因此到學校協商。當然，該補上的大過也跑不掉。

大允的暴力拳頭在校園漸漸傳開，也讓自己經常面對其他學長或校外同學的挑釁。不只拳頭總是處在緊繃狀態，大允俊秀的臉龐也總是一副消沉、落寞。在偌大的校園裡，總是見他一個人像遊魂般四處遊蕩。「我打，故我在?!」除非又有新的刺激要讓他的拳頭透透氣，以證明自己的存在，否則同學們總是對他退避三舍，不相往來。

暴力，似乎也爆開了大允與同學的距離，一段難以維持關係的距離。

減少討好與衝突的祕訣指南

祕訣130 遠離暴力集散地

祕訣131 暴力，不該有任何理由

祕訣132 暴力的殘酷代價

祕訣133 非暴力解決法

祕訣134 讓拳頭登上舞台

祕訣 130

遠離暴力集散地

當你把孩子放在四周都充斥暴力的情境裡，諸如電視、電玩、動漫、卡通、雜誌、線上遊戲或網站等，不需要太多時間，孩子在如此的暴力氛圍耳濡目染之下，暴力與攻擊指數很快就會上升，甚至破表。暴力，就算不想學也難。

如果你不希望孩子走向暴力之路，那麼，**孩子在日常生活中所接觸的媒介就需要你的謹慎把關**。別說你不在乎，也不要顯得無所謂。你需要徹底了解家中的孩子，他到底接收了什麼樣的訊息。

請勿讓暴力影片與文字餵養我們孩子的心靈。有些事，現在不謹慎留意、嚴守把關，一旦暴力細菌入侵，當孩子告訴你：「可是爸媽，我回不去了。」屆時就後悔莫及了！（謎之音：在此套用一下電視劇《犀利人妻》裡謝安真的經典台詞：「可是瑞凡，我回不去了。」）

祕訣 131

暴力，不該有任何理由

愛傳別人的祕密，這是楊元浩的錯。但是，如果孩子選擇以拳頭回應，說真的，這就是大允的錯——暴力，不該有任何理由。

「誰叫他愛亂說話，讓我非常生氣。活該！誰叫他敢惹我。」這個反應看似理直氣壯，但仔細想想，其實是兩回事。對方愛亂說話，而讓自己感到生氣。**這種生氣的情緒，我們可以理解，也需要接受；但自己生氣，並不表示就可以為所欲為地使用拳頭。**

暴力，不該有任何理由。關於自己生氣這件事，孩子應該可以選擇做出不同的反應。一旦使用暴力，便需要承擔暴力所換來的代價。

祕訣 132

暴力的殘酷代價

動武，當然是一種解決方式。但在人際關係的發展上，卻是一種看似成本很低，其實風險很高、代價很大的問題解決方法。孩子需要冷靜下來思考：**使用暴力到底為自己換來了什麼？除了對方的害怕、恐懼及自己的面子之外，自己真的贏了什麼嗎？**

被打的人，是否因此就和自己接近？像是對大允來說的阿希、楊元浩或林廷光。

而當打著別人時，是否也讓在一旁看到的人選擇遠離自己？

最後，自己是否僅剩下老是和自己較量、叫囂、互槓、對打或互踹，像黑仔這樣臭味相投的人？

讓孩子仔細精算一下暴力的殘酷代價。如果他夠聰明，應該會有不同的選擇與思考。

秘訣 133

非暴力解決法

在人際問題的解決上，孩子應該可以有更明智的抉擇。讓孩子知道，暴力是一種選擇，但他所需承擔的代價太大。除了暴力之外，他還有其他更為寬廣的世界。

當孩子只能靠動手時，或許也透露著他正欠缺其他有效的問題解決策略。打遍天下無敵手？但問題是，身旁的人並沒有那麼多意願和自己窮攪和。

和孩子腦力激盪吧！催生各種想像得到的「非暴力解決法」，讓自己的拳頭先休息、保養一下。（謎之音：保養可不是為了下一次的動粗啊！）

非暴力解決法，以楊元浩大嘴巴為例，當大允知道他將自己喜歡晶晶這件事，偷偷地在補習班放送、告訴別人時。自己先前的解決方式，是在廁所朝對方胸前狠狠地揍上一拳。如果現在不用拳頭呢？或許可以試著向對方明確表達自己的立場與感受，無論是用說的或寫的都可以。例如：

「楊元浩，對於你在補習班把我的祕密告訴別人這件事，說真的，令我感到非常生氣。請你有道德一點，尊重我的感受，我不希望下次類似的情況再發生。」

祕訣134

讓拳頭登上舞台

拳頭可以有力，但拳頭不一定要用在暴力。如果孩子總是以拳頭來解決人際衝突，或許可以轉個彎，讓孩子的拳頭登上舞台。將愛動手轉為可被接受的柔道、跆拳道、空手道、合氣道或學習武術都可以。

如果動拳頭是孩子的強項，那麼就試者讓這優勢發揚光大在合理的活動上。

人際關係第7招

維持好關係

非學不可之維持好關係

關係總是存在著不同的面向，包括朋友之間的分合、隱私表露的分享拿捏、圈內圈外的凝聚與歸屬，以及虛擬與現實的友伴等。孩子在這些錯綜複雜的人際脈絡裡，學習著如何與人相處，同時檢視著自己對朋友的定義。

分手，是孩子在成長過程中不得不學習的人際課題。分手的感受，有時視提出者與被告知者雙方的角色，而有全然不同的解釋。有些人對分手帶來的失落雖然口口聲聲表示沒關係、無所謂、不在意，但關係的結束，卻是另一種調適的開始。

友伴間的自我隱私表露，多少也反映著彼此關係發展的親疏程度。只是，當孩子無法有效地拿捏分際，特別是在公開的社群網站（例如FB）上，毫無保留地貼文、留紀錄，更容易產生過度曝光的風險，成為周遭他人議論的焦點。

凝聚力與歸屬感強的小圈圈，讓許多孩子愛恨交加，既羨慕又嫉妒。當人沉浸在小圈圈裡，有時容易不經意地將自己複框、設限，無形中，也限制了自己接觸、認識、交往及欣賞不同的同儕的機會。人際，可以不只是這樣。

網路是一股勢不可當的趨勢，對孩子來說也是生活中的現在進行式。因此，網友也很自然成為孩子人際交往中的重要部分。只是，當孩子的交友過度傾斜於虛擬世界，多少也提醒著我們要注意，孩子在現實的人際中，是否關係太過於薄弱了。

非學不可之維持好關係，朋友有時是勉強不來的，但是我們需要珍惜當下的每次往來。當分手叩門，該是如何學習面對失落與關係結束的時刻。讓孩子了解如何在網路的虛擬世界裡，慎重地留意自己的隻字片語，維持適度的隱私，以求自我保護。同時，在現實與虛擬、圈裡與圈外的朋友關係中，維持平衡而優雅翱翔。

問題二十五
孩子和朋友分手了？

「什麼？你和淳淳切了？你上回不是才跟小翎鬧彆扭，再見不聯絡，不當好朋友了嗎？」茉莉媽瞪大了眼，有些不可思議地問著。

「哎喲，切了就切了，反正班上朋友那麼多，怕什麼？誰說一定要跟她們長長久久。更何況，這回是淳淳先開口的喲，我哪能厚著臉皮跟她說抱歉，請她和我繼續做朋友？而且彼此意見不同、個性相衝，就別勉強在一起啊！媽媽，你看不是有些產品都有試用期？我看朋友關係也是一樣，甚至於也有保存期限啦！」

「難道你們朋友之間的感情都那麼脆弱？說切就切，就像賣豬肉一樣啊！這麼沒感情？」

「什麼賣豬肉？亂比喻。反正不當朋友又不會怎樣，你看和淳淳、小翎切了，我也可以多認識新朋友啊！舊的不去，新的不來，不是這樣嗎？」

聽女兒說得頭頭是道，把一切合理化，茉莉媽頓時愣住了。「這……說得好像有點道理，但是在國中階段好不容易有了知心朋友，難得彼此可以分享、支持，不是很棒的一件事嗎？」

「哎喲，有些人交往久一點，有些人關係短一些，就好聚好散啊！難不成要我像姊姊一樣，和朋友切了就哭得唏哩嘩啦，這麼難堪？」

這點倒說的也是。前一陣子，媽媽才在頭痛姊姊蔓利對朋友的關係太過於依賴。每回和好朋友分手就心情低落到什麼事情都做不了，當下那種氣氛總是讓人感到窒息。

媽媽心想：「朋友之間多少像潮水來來往往，像蔓利這麼過度執著在某些朋友身上，其實最後也是苦了她自己……只是，蔓利和茉莉這兩姊妹怎麼像是在天平的兩端？過與不及的態度都讓我這個做媽的感到煩惱。」

一個對絕交像是在喊價，無所謂，反正喊一喊，再認識不就有新的朋友？一個卻是和朋友分手，就像陷入世界末日般，並且反覆自責以後一定不可能再交到新的朋友。

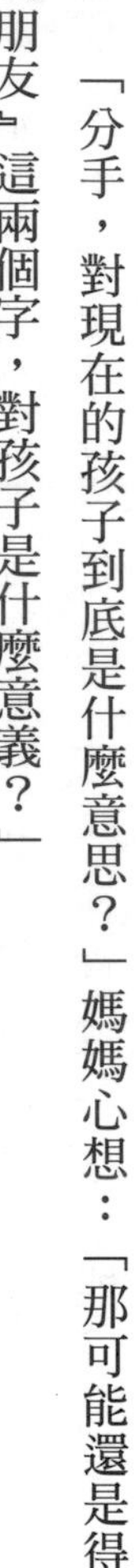

「分手，對現在的孩子到底是什麼意思？」媽媽心想：「那可能還是得先確認『朋友』這兩個字，對孩子是什麼意義？」

只是，現在對一般朋友之間的分手是如此的態度，那麼如果有一天，這對姊妹論及到男女朋友的交往與分手，那又會是什麼光景？想到這裡，媽媽不禁打了個哆嗦。

維持好關係的祕訣指南

祕訣135 別當主場裁判

祕訣136 分手不出惡言

祕訣137 朋友的重量

祕訣138 分手真的無感嗎？

祕訣139 時間是最好的療癒

祕訣140 交友不執著

祕訣135

別當主場裁判

面對孩子與朋友之間的交往與分手，我想，請試著讓選擇權回歸到孩子身上，尊重他的分手決定。但是，可以傾聽孩子對於分手、絕交、不繼續做朋友的想法、感受及後續行動。這時，**讓孩子多說，我們多聽，不做裁判或評論。**

每個孩子都有自己對於分手的解讀。除非孩子主動提出他的疑問，請你釋疑，這時才多說。

祕訣136

分手不出惡言

雖然尊重孩子對於分手的想法與決定，但不表示接受孩子任何分手過程中的舉動。在常見的分手爭執中，總是容易看見雙方相互批評、指謫、謾罵，數落對方的不是。請讓孩子了解及學習「分手不出惡言」。

分手不出惡言，這不單純是考量對方的感受、不激怒對方，同時，也讓孩子學習如何在分手過程中，維持自己情緒的平穩，將負面的心理耗損降至最低。**別讓謾罵使自己心情更糟糕。**

或許孩子可能質疑，分手為什麼不能罵？不是罵一罵，心情宣洩後，會比較舒坦一些嗎？或許是有這樣的短暫作用。但在惡言的過程中，其實還是讓自己的腦海裡盡是對方的身影。同時，謾罵也容易讓負面情緒在自己心中不斷衍生、存在。

人與人的關係際遇很難講，現在分手、拒絕做朋友，但很難說在什麼時候，可能又因為某件事、某個時間與空間，而讓彼此復合。惡言相向，只會加速讓這可能性更加崩解——都把她罵成這樣了，自己怎麼好意思繼續和她當好朋友。同時，惡言相向就像星星之火，可以燎原，很容易燒毀與周遭共同朋友的關係。

祕訣137

朋友的重量

每個孩子對於朋友的界定、以及朋友對自己的意義都不盡相同。朋友的重量有多重？（謎之音：當然這裡指的不是體重，而是指你在意的程度啦！）這時，我們需要引導孩子重新自我檢視對於朋友的定義。

「哎喲，切了就切了，反正班上朋友那麼多，怕什麼？誰說一定要跟她們長長久久。」

「媽媽，你看不是有些產品都有試用期？我看朋友關係也是一樣，甚至於也有保存期限啦！」

「舊的不去，新的不來，不是這樣嗎？」

當你聽見茉莉對於朋友的看法，多少可約略算出朋友在她心中的重量顯得輕一些。但孩子的反應，有時會停留在表象上，**需要我們更深一層引導她去探索，才能更深入去了解那存在於內心裡，對於朋友關係的核心概念。**

「茉莉，和朋友絕交對你的定義是什麼？」

「如果切了以後，沒有新的朋友遞補上來，那也沒關係嗎？」

「你為什麼這麼有把握能夠交到新朋友？」

「你交朋友的目的是什麼呢？」

「如果你也被朋友認為超過保存期限了，棄而不用，那會是什麼感受？」

「朋友對你有什麼重要性？」

「你是否想過沒有朋友的日子，好不好過？」

祕訣138

分手真的無感嗎？

孩子對於分手真的無感嗎？說真的，倒也不盡然。畢竟，曾經互為好朋友的彼此，突然間關係斷了線，不往來了，對於孩子來說，也是某種程度的失落。只是這感受孩子是否有察覺，或者孩子是否能表露、願意表露，也是關鍵。

請提醒自己：**孩子口中的無所謂，是否就真的是無所謂？這一點，還是請保留。**

有時，孩子很容易以無所謂來掩飾心中深層的那股不安或焦慮。無所謂，有時讓孩子選擇不願意去真正面對分手對於自己的殺傷力。無所謂，多少也讓自己保留了面子，自我感覺好一些。

「這回是淳淳先開口的喲，我哪能厚著臉皮跟她說抱歉，請她和我繼續做朋友？」「茉莉，我想你多少在意自己在淳淳心中的印象，也很想繼續與她做朋友。只是，你有些焦慮，不知道該如何與她回復關係。分手就分手，似乎只是讓你把這難題暫時壓抑下去，不去想而已，是不是？」

祕訣139

時間是最好的療癒

分手，對於每個孩子的感受不盡相同。當中有人急於修復關係，有人明白表示拒絕往來。有的孩子無所謂、沒什麼太複雜的感覺，像妹妹茉莉一樣；有的孩子則太過執著，情緒低落，什麼事情都沒辦法做，像姊姊蔓利一般。

請給予孩子時間慢慢沉澱。別急於強迫孩子要早一點從分手中釋懷。時間，隨著日子一天一天的過，讓孩子有別的注意轉移焦點。如果孩子對於分手相當在意，時間，有時是最好的一種療癒。

祕訣 140

交友不執著

在人際關係上，當孩子太過於執著一定要怎麼做、或是一定要和誰交朋友時，執著的心少了一些彈性，終究最後還是苦了自己。就像姊姊蔓利老是嚐到苦澀的滋味。

畢竟，人與人之間的關係是很錯綜複雜的，很難一廂情願地維繫自己想存在的關係。對於人際的付出與努力經營當然是很好的一件事，不過，也要試著讓孩子知道，當自己努力了，卻仍無法維持這份友誼時，分手或許使他感到難過、傷心、失落、痛苦而難熬，但是，請放過自己，漸漸地把心思（注意力）往對方身上移開，多給自己一些彈性，也許，另一個好朋友就在某一個時間點、某一個角落，會和自己相遇呢！

不過，請別太急於要求孩子做到交友不執著。畢竟想法上的改變，對於孩子來說需要一段時間調適。**在引導時，請先呵護與同理孩子的感受，同時啟動認識新朋友模式，讓實際的友誼經驗發生。**

問題二十六
孩子透露了太多隱私怎麼辦？

教室裡，幾個女生圍在郁怡身旁，不時安慰著低頭啜泣的她。關於她的感情，在班上幾乎成了再透明不過的事。從點頭之交到摯友，甚至連一學期以來未曾說過一句話的同學，不管和郁怡熟不熟，大家都知道郁怡的感情世界。

因為，無論在班上或在臉書上，郁怡經常毫不保留地說出自己對於男女交往的想法和感受。同學們時而出於關心，時而受青春期對於談戀愛懵懵懂懂的好奇心所驅使，忍不住想一探究竟，或者至少做為借鏡也行。當然，相關人也會被郁怡一一點名，讓同學們像是看八卦一樣對待。

這一點，也是郁怡媽媽經常在擔心的事。班級導師也不斷轉達與提醒，希望家長一起勸告郁怡保留一些自己的隱私，而不要將內心和感情關係如此大剌剌地攤在陽光下，昭告天下。畢竟，這道強烈的曝光，經常會反過來傷到郁怡自己而她卻不自知。

「郁怡，你不覺得在臉書上沒有設定可瀏覽對象，而太過於表露自己的感情與隱私是很危險的一件事嗎？」媽媽苦口婆心地說著：「能夠用文字抒發情緒，不壓抑在心裡當然是好事。但如果像你現在這樣，在臉書上不設防，像個透明玻璃罐一般，讓周遭不相關的人也都能直視你的內心，你不覺得很容易受傷嗎？更何況，留言板上的心情，就像白紙黑字般地刻劃在那裡，很容易讓有心人做為談論的話題。難道不會造成你的困擾嗎？甚至於嚇跑想要接近你的朋友？」

「哪有什麼困擾？我只是有話直說，把心裡的煩惱、困惑統統拋乾淨。更何況有些同學、朋友，甚至於我不認識的人，看見了我的留言也會立即回覆，或給我建議與溫暖，這不是很好嗎？不然，媽，我問你，心中的困擾要向誰說？你？爸爸？還是郁馨大姊？」

「郁怡，媽媽不是要你把話藏在心裡不說。能講出來當然是好事，更何況我多麼期待你可以對我說。我的意思不在於使用臉書好不好，或該不該向同學說，而是多少要為自己保留一點隱私。畢竟有些感覺或關係總會隨著時間而有所沉澱、改變。」媽媽苦口婆心地勸說。

郁怡頓時有些困惑，心想：「難道我真的說太多了嗎？到底有沒有我自己不能說出口的祕密？」

維持好關係的祕訣指南

祕訣141 凡走過必留下痕跡

祕訣142 按下Enter鍵之前，請三思

祕訣143 不能「po」的祕密

祕訣144 以筆代替鍵盤

祕訣145 預防「光」害

祕訣146 請跟我説

祕訣 141

凡走過必留下痕跡

對於自己隱私的維護，特別是在虛擬的網際網路上，我們更要讓孩子有一種深刻體認——凡走過必留下痕跡。

任何自己在網路上寫下的文字、留下的照片，請記得，它們就一直在那裡。如果有心人真的想要把它們找出來，說真的，不難。有時，當你準備遺忘這些文字與照片時，它們又會經常不請自來，出現在你的眼前。

祕訣 142

按下Enter鍵之前，請三思

內心的想法與感受不是不能說、不能寫，只是寫在網路上，在按下Enter鍵之前，請先給自己一段時間沉澱一下。離開鍵盤、離開螢幕、喝個水、上個廁所、望遠凝視或閉目養神、散散步、吹吹風、翻翻書都可以。

在按下Enter鍵之前，孩子需要有一段空檔，讓自己思緒沉澱一下，回過頭來重新把打出來的內容念出聲音、重讀一下，再思考看看，是否需要修正後，再按下Enter鍵送出。

祕訣 143

不能「po」的祕密

讓孩子知道，如果某些事真的不想讓人知道，就不要將文章po上網，無論你做了多少的隱私設定也不要。

並請再次提醒孩子，凡走過必留下痕跡，凡po文必留下紀錄。讓孩子深刻去思考「某些事，就是不想讓人知道」這背後，自己保留隱私的意義。

或許想法不成熟，或許說出來對自己、他人有傷害，或許到現在自己也都還不知道該如何說。這些po文，請禁止。

祕訣 144

以筆代替鍵盤

對於心中「不能po的祕密」，如果孩子壓抑著而不寫不痛快、不說不暢快，那麼，就**鼓勵孩子改寫在紙上，讓自己成為唯一的讀者，同時練習對自己述說**。當然，父母如果有幸成為第二位、第三位讀者，這是更棒的一件事。

讓孩子理解，將內心的想法（甚至於祕密）適度地表露出來，無論是透過口說、筆寫、鍵盤打字，都是一種很好的抒解方式。只是關鍵在於孩子的分享方式與分享對象。說出來是說給誰聽？用筆寫下來是寫給誰看？以及使用鍵盤打字之後，接下來自己會如何處理？

隱私的拿捏與分享對象的篩選，這是孩子在人際關係之中，所需要練習的自我保護課題。

祕訣 145

預防「光」害

郁怡的導師和媽媽所顧慮的是，希望孩子多保留一些自己的隱私，而不要大剌剌地攤在大太陽底下。畢竟，這道強烈的曝光，很容易反過來傷到孩子本身。

預防「光」害，應該讓孩子在「隱私」與「表露」之間多敏感一些。**孩子需要仔細覺察過於將隱私曝光，對自己在人際上是否帶來困擾**。例如：成為眾人談論的八卦對象，或有人藉這些隱私來刺激、嘲諷和揶揄自己。甚至於因自己暴露太多隱私而嚇壞對方，造成對方無法承受，乾脆和自己保持距離，以策安全。

祕訣 146

請跟我說

在親子關係中，常令父母懊惱、不解的疑問之一，就是：「為什麼有些事，孩子寧願跟朋友說，卻不肯跟爸媽分享？」

關鍵來了，請翻轉一下想法：「為什麼孩子需要跟爸媽說？」

或許，你理所當然地認為：「嗯，我們是他的父母、監護人，孩子當然要跟我們說啊！」其實如此一廂情願的認定，只是徒增自己的煩惱，因為孩子還是不願意向我們說，這點在青春期更是明顯。

與其表示「孩子，請跟我說」，倒不如**在平時，爸媽先多跟孩子說一些關於自己的隱私、自己的故事，以及自己對於日常生活中人、事、物的看法，當然也包括父母自己的人際關係經驗。**

讓孩子多體驗與感受你的分享。並請再次提醒自己：分享就好，不要存在著要求孩子需要怎麼做的道理。分享，能讓親子之間拉近距離。而太多的道理，卻總是容易推開彼此的距離。

問題二十七
孩子面對小圈圈時怎麼辦？

「嗨！熊大，今天放學後要不要和我們去逛夜市啊？兔兔、饅頭人都會去喲！」在LINE死黨裡最有自信的「詹姆士」詹維德，笑著問坐在一旁老是顯得憨厚、木訥的連志雄。

「哎喲！詹姆士，那個情緒化的饅頭人可不一定呢，還不是常常一下說要去，一下子又拗脾氣說懶得出去。更何況，他現在還在……」活潑的汪子芯將餘光瞧向正在趕補作業的柯政光。

「ㄟ，『兔兔』汪子芯小姐，你可別在旁邊亂說我的壞話，我今天就去給你看！」

「好啊！好啊！那就太棒了，四個人一起搭計程車分攤，那我就可以多省一些喲。」

說真的，望著班上的「LINE四人組」，楊士福心裡好羨慕，但他也明白要打入詹維德、連志雄、汪子芯及柯政光的小圈圈談何容易。雖然自己和他們四個人一樣在同一家補習班上課，看似從早到晚幾乎都是雙層漢堡般的同班同學，倒不如說，自己像個外圍分子。LINE四人組就像銅牆鐵壁一般，自己只能在一旁遠遠觀看，連一腳都無法插上。

面對如此小圈圈的情結，其實士福在小學四、五年級就開始苦嚐過。那種滋味常讓他心中五味雜陳，又羨慕、又嫉妒，又期待、又怕受傷害。當然，士福也曾經想鼓起勇氣加入，但先前一次次被拒絕的挫敗經驗，讓他面對現在班上緊密度強勁的LINE四人組，讓他未戰先敗，連提都不敢提。

「為什麼我都沒有機會進入小圈圈？難道我真的就那麼討人厭？還是我真的很無趣？」士福常常在心中自問，卻一直找不到答案。

「Yes！終於寫完了！」「饅頭人」柯政光大嚷，一邊伸展雙臂，用力吐了一口氣。

「哇！那太棒了！無負擔的心情逛夜市是最棒的啦！熊大，你說是不是！」詹姆士側著頭問靦腆的連志雄，並伸出手欲和他擊掌。汪子芯也在一旁甜美地微笑拍著手。

這歡樂凝聚的畫面又強烈地衝撞著士福那渴望的內心，一種對於被接納、能融入、有歸屬感的渴望。他心中還有一個疑惑：「為什麼像連志雄那樣不太說話、常沒什麼表情的人，還是那麼受到其他人的歡迎呢？」

LINE四人組收拾書包離開了教室，頓時四周又陷入一陣沉寂。

維持好關係的祕訣指南

祕訣147 歸屬感的魔力召喚
祕訣148 氣味有相投
祕訣149 預防被定位與歸類
祕訣150 多轉幾圈
祕訣151 慎選好圈圈
祕訣152 忠於自己的原味

祕訣147 歸屬感的魔力召喚

歸屬感、歸屬感、歸屬感……像魔力召喚般，不時從眼前的小圈圈傳遞過來。對於孩子來說，小圈圈迷人的地方之一，就在於他內心深處所引頸翹望的「歸屬感」。

歸屬感、歸屬感、歸屬感……自己是否曾經有過歸屬感？如果有，是在什麼時候？又為什麼現在那歸屬感消失不見了？

試著讓孩子自我覺察心中的這份歸屬感，仔細想想：**「在這個班上，我有歸屬感嗎？」**面對令人欽羨的LINE四人組小圈圈，吸引自己想參與其中的會是什麼元素？是他們溫暖、歡樂的氛圍？或自成一格的小團體特殊性？還是一想到是LINE四人組，就自我感覺超良好？

祕訣148 氣味有相投

每個孩子想加入小圈圈的用意不盡相同。找到氣味相投、志同道合的夥伴，當然是許多孩子夢寐以求的人際想望。對於LINE四人組，是否有孩子期盼的共同興趣？如果有，而孩子也想加入，那麼就鼓勵他勇敢地毛遂自薦。

被動、退縮、悶不吭聲，永遠都在圈外。**主動、趨前、勇於表達想加入的想法，雖不一定能被接受，但就是多了一次機會**，或許孩子也會成為其中的潔西卡（Jessica）或莎莉（Sally）喲。

祕訣 149

預防被定位與歸類

當孩子忘情於小圈圈的熱絡時，別人如何把自己定位與歸類往往顯得無所謂，只要是自己專屬那一圈的「圈內人」彼此認同或接納即可。

當然，孩子是沒有必要討好別人或對多數人獻殷勤，也不見得需要對不重要他人的意見與反應太過於介意。陶醉於小圈圈沒錯，忠於小圈圈的成員也理所當然。只是，當小圈圈的標籤一旦被認定，就很容易不自覺地影響和限制了自己與他人的互動。

為了預防被定位與歸類，**請讓孩子多開放自己認識朋友的權限，多想想小圈圈外的世界，也一樣迷人。**

祕訣150

多轉幾圈

小圈圈有著吸引人的歸屬感加持，讓孩子趨之若鶩。但小圈圈的關係也像薄冰一樣，一踩就破裂。有時，小圈圈也有著它在人際上的殺傷力，容易被貼上標籤，讓人留下刻板印象。有時候，可能被認為過度炫耀或太招搖，以及容易排擠圈圈以外的人，而讓周遭他人會與圈圈內的人保持一段安全間距。

為了預防上述可能存在的弱點，還是建議孩子可以嘗試在班上多轉幾圈。**多多與不同圈圈裡的人相處，甚至於在不同圈圈之間交流**。

當然，孩子可能會擔心自己如果這麼做，是否容易成為牆頭草，不夠忠誠於某些人或某些團體。但關鍵就在這裡——就是為了預防不同的小圈圈之間，各自築起高牆而與他人的互動劃清界線，甚至於彼此存在敵意。或者「有你就沒有我，有我就看不見你」的非輸即贏的零和競爭。

讓孩子學習在圈圈裡，練習尊重圈圈內、外的人，多看彼此的好。多轉幾圈，就像同時開啟多個螢幕視窗般，讓自己在大團體裡多一些人際互動的可能性。

祕訣 151

慎選好圈圈

小圈圈也有好與壞？嗯，沒錯。

好的小圈圈，理所當然地在圈圈內的成員之間，歸屬感與認同關係濃情密意，彼此支持與陪伴，甚至於遇到問題時，能夠相互火力支援。除此之外，好的小圈圈也能夠尊重圈圈外的人，重點是，不會假小圈圈的力量去欺負、霸凌或攻擊對方，或者限制圈圈內的成員不能與圈圈外的人互動。

好圈圈可以帶來良善的互動，讓圈內、圈外的人都感受到人與人之間的溫度。

反過來，如果孩子陷入的是壞圈圈，就不禁令人擔心以上的隱憂浮現。

你的孩子羨慕的是好圈圈還是壞圈圈？現在正加入的是摻雜黑心成分、汙染毒素的壞圈圈？還是讓你我放心、安心的好圈圈？請仔細端詳。

祕訣 152

忠於自己的原味

當孩子面對小圈圈時，為了博得團體裡他人的認同，往往很容易藉此隱藏自己內心真正的想法、違反自己的意願，或壓抑自己的情緒而使勁討好對方，尋求被接納，如同戴上威尼斯的華麗面具一般。

請引導孩子自我覺察內心的想法，讓他忠於自己的原味，傾聽心中真實的聲音：**「在小圈圈裡的我，是屬於真正的自己嗎？」**

問題二十八
孩子交了網友怎麼辦？

「小沅啊，你不去讀書，也不幫忙做家事，一放學就成天窩在電腦鍵盤前敲敲打打，到底在幹嘛？」

「哎喲，我在和網友聊天啦！別吵我。」

「網友聊天？你自己在班上的同學認識不到幾個，還有閒工夫和網友聊天？你哪知道螢幕裡的網友長得是圓的、扁的、方的，還是中年大叔，甚至於歐巴桑？你可別亂加一堆怪朋友啊！」

「哎喲，媽媽你放心啦！我們都是在遊戲網站上認識的啦！每個人都有共同的興趣和話題，而且也會相互交換訊息，以及傳授彼此的練功祕訣和如何賣帳密，很麻吉的啦！」小沅邊說，手邊敲著鍵盤，眼睛仍然注視著螢幕跳動的對話框。

「可是小沅啊，這些人你都沒見過，你不擔心受害、被騙？你可別亂給我出去和網友見面，聽到沒？自己班上那些現實中的同學不交往，老愛這虛擬的關係，一點都不切實際。」小沅媽嘴巴叨念著。

「哎喲，現在世界變得不一樣了啦！網路那麼發達，朋友無國界。」

「你說得對啦！世界變得不一樣，我可鄭重地告訴你，世界的騙子還是一樣，只是花樣更多。朋友無國界，我看還無性別哩。」媽媽不以為然地說著，但小沅似乎不為所動。

「我看啊！你一定是在班上沒有朋友，缺乏溫暖，少了歸屬感，才把心思轉到網友上。這根本是逃避，對不對？我說的沒錯吧！」

這一句倒是像根火柴，點燃起小沅壓抑已久的情緒。他突然拉高嗓門激動地回著：「沒有朋友就沒有朋友，又怎麼樣？我才懶得和那些只在意成績，每天只顧著念書的小屁孩說話呢！在網路上多好，認識的對象，還不只有國中生，我的社群裡，高中生、大學生，甚至於社會人士比比皆是，誰理他們啊！」

這回，反而喚起小沅媽的焦慮。「你看你，就像我剛剛說的沒錯吧！真的是網友亂交一通。拜託，連社會人士你也敢跟人家交往。你真的是天真無邪啊！我看你哪天被賣了都不知道。」

其實，小沅媽除了對孩子認真結交網友這件事感到不安之外，自己也煩惱小沅目前在班上疏離的人際關係狀況。她發現，小沅在交友上似乎已經失衡了，整個心思盡往虛擬世界裡的網友傾斜。

「這到底該怎麼辦？」小沅媽苦惱得不知如何是好。

維持好關係的祕訣指南

祕訣153 朋友的溫度

祕訣154 標籤，禁止

祕訣155 請讓我安心

祕訣156 自我保護機制

祕訣157 跳脱螢幕人生

祕訣153

朋友的溫度

孩子鍾情於網路交友，多少也讓我們思考孩子在生活周遭或校園環境裡，是否少了些能夠面對面的朋友，在人際關係上，失去了溫度。請特別留意：**孩子是否透過網友來逃避面對，進而彌補自己在現實中人際需求的空缺？**

你會發現，孩子總是合理化地告訴我們，和網友認識與相處為自己帶來的好處。我想，如此的感受是可以理解的。但是，畢竟在孩子的成長過程中，現實生活裡的人際關係發展與建立，以及人與人的社會性互動，仍然不是單一虛擬世界的網友所能取代。除非網友中，有部分是和現實生活裡的朋友或同學重疊。

「小沅，媽媽可以感受到你對於朋友的需求非常強烈。或許，與網友交往多少能填補你在人際關係上的空位。但我想，你心中還是相當渴望，在班上可以有更多相知相惜的朋友，是不是？」

幫孩子說說心中的感受，讓他莫忘現實朋友所存在的溫度。

祕訣154

標籤，禁止

或許是來自於我們對於網友的陌生，及對虛擬世界的複雜性與不確定性相伴而來的威脅感，連帶地對於孩子所認識與交往的網友，比較容易心存芥蒂，有所防衛。**請先不要任意對孩子所交往的網友貼上「壞」的標籤，這麼做，很容易將親子關係的距離推得更開**。你的否定與拒絕，在未審先判的情況下，將使得孩子更不願意讓我們了解他所交往的對象，以及人際關係脈絡。

網友不等於壞朋友，但面對網友，孩子更需要謹慎交友。

祕訣155

請讓我安心

面對網友，你的顧慮與擔心很自然。或許可以試著嘗試**將這份心情和孩子分享，讓他了解你的感受，讓你安心，而不是對他的網友進行批判**。

「小沅，關於媽媽的擔心，你可能感到不以為然。我想，網友所帶來的陌生感，總是會讓媽媽對這份關係感到不安。如果你願意讓媽媽多了解你所認識的網友與分享的內容，我想，不確定性少了些，媽媽也會多安心一點。」

祕訣156

自我保護機制

要讓人安心，除了積極認識與了解孩子所交往的網友對象，另外，**引導孩子學習在網路交友中，如何自我保護以及清楚設限是非常關鍵的事。**例如：使用聊天室，盡可能選擇多人同時進行的公開方式。避免陷入一對一，自行落單，而與陌生網友閒聊，造成不必要的風險產生。

在與網友互動時，恪遵清楚的界限，例如：嚴禁金錢往來，並徹底維護自己與家人的隱私。同時，欲與網友見面時，一定需要告知父母，並獲得授權之後，才能與網友相約見面，且必須在公共場所。必要時，爸媽會陪同前往。

請堅持表達你的立場，和孩子彼此明確約定，做好自我保護的機制。

祕訣157

跳脱螢幕人生

當孩子太沉浸在與網友的互動，或認識網友的比重遠遠超過實際生活中的人數時，多少也在告訴著我們一件事：孩子的生活內容是否太依賴電腦螢幕，特別是將許多時間耗費在虛擬世界的社群網站或電玩遊戲互動上。

孩子接觸３C產品、使用網際網路、熱愛電玩遊戲、結交網友，是非常自然存在的事。但**孩子也得要學習「自律」，讓自己在這些媒介與活動上，收放自如**。你有本事玩線上遊戲，就得要有本事讓生活維持秩序，做該做的事。

雖然孩子總是向你抱怨：「好無聊！沒興趣！」但我想除了螢幕之外，仍然有更寬廣的現實世界等待著孩子。多與孩子共同討論他的生活方式，跳脫螢幕，暫時揮別３C產品，讓孩子知道還有許多的選擇可以嘗試。

當孩子跳脫螢幕人生，走向球場、跳入泳池、登山踏青、參與童軍、盡情音樂、閒聊電影、弈棋桌遊嬉戲、逛街聚會等，就有機會體驗現實生活中，人際互動的美好。

人際關係第8招

遠離霸凌

非學不可之遠離霸凌

霸凌，總是孩子心中揮之不去的痛。沒有人有任何權利或理由霸凌他人，同樣地，也沒有人有任何的義務，被迫接受身體的、心理的、關係的，甚至於網路霸凌。然而，在校園裡，每個人卻都應該有一份責任——讓霸凌遠離校園，特別是目睹霸凌的孩子更是責無旁貸。

「霸凌者—被霸凌者—目睹霸凌者」，像是生命共同體般，決定著這霸凌的三角關係是否繼續運轉。雖然對於被霸凌者來說，是多麼期待如此的噩夢可以霎時停止；然而有時殘酷的是，當角色輪替，被霸凌者或目睹霸凌者，一翻牌反而變成了下一個霸凌者。每個孩子都需要被幫忙，無論是霸凌者、被霸凌者或目睹霸凌者都需要。

不管霸凌是出現在生活中或在網路上，對於霸凌者來說，有時像是一種假象——一股控制與操弄人際關係的感覺油然而生，讓當事人自覺強大，八面威風，不可撼動。然而，卻也可能讓自己掩飾著心中那份不願揭穿、害怕看見的不堪與脆弱。

對於遭受霸凌的孩子來說，沉默有時是一種不得不的無助與無奈。面對自己被霸凌的苦痛、害怕、恐懼與不安，以及擺盪在說與不說的兩極拉扯之間，和對未來安全、不再遭受霸凌的不確定感，往往讓當事人的心更受傷。

目睹霸凌，無論是不經意地撞見，或以看熱鬧的心態認為事不關己，孩子往往都得開始承受隨之而來的道德、正義與勇氣的強烈自我質疑——因自己的袖手旁觀，而助長了霸凌者的氣焰，同時也間接成了默許霸凌的幫手。

非學不可之遠離霸凌，讓霸凌者思索深藏在心中不堪回首的經歷，承擔該有的代價與後果，進而重新修復與周遭他人的「心」關係。讓遭受霸凌者安心處在每一刻，知道自己並沒有錯，同時不再消極沉默。讓目睹霸凌者化解矛盾，了解自己在人際之間的關鍵角色，發揮正義與勇氣挺身而出。

遠離霸凌，刻不容緩。

問題二十九
孩子霸凌同儕怎麼辦？

劭威喜歡這種走路有風的感覺，走在教室長廊上，身旁總是有著兩個小跟班——阿雷和坤火。特別是當一旁同學望見他們時，臉上所表露出驚嚇而閃開的模樣，有時更讓自己感到莫名的風光。

劭威、阿雷和坤火是導師眼中的大麻煩，老師不知耳提面命了多少次，該有的懲處也不斷加碼，但是對於他們經常欺負特定同學的歪風，似乎見不到遏止的作用。

當然，這種無力感也經常寫在劭威媽媽的臉上。為了孩子在學校的不斷闖禍，自己總是隻身前往學校輔導室，一次次地向受霸凌的同學家長低頭道歉。有時，連長期在大陸經商的劭威爸返台休假，也會將孩子的這副德性怪罪在她身上，抱怨：「你這媽怎麼當的？我辛苦地在對岸工作，你不就只是帶帶孩子，竟然老是讓他捅婁子，給我惹麻煩，你到底在幹嘛？」

導師和劭威媽不只一次地促膝長談，希望能夠找到孩子惡霸行為背後的關鍵因素。當然，這期間，輔導室和學務處也不時有相關老師介入。但是，效果仍然相當有限。

「劭威媽，我想或許學校這環境似乎不怎麼適合他……」導師欲言又止，「嗯，你有沒有想過，如果換個環境會不會好一些？」

劭威媽隱約可以感受到這些話裡頭，「轉學」兩個字呼之欲出，只是導師不好意思直接說出口。

「難道轉學以後，劭威霸凌的行為就可以緩解嗎？」劭威媽心中想著。

她實在很難理解為什麼劭威這孩子總是帶著阿雷和坤火，三番兩次地老愛找班上柯子晴的麻煩。有時在對方的桌子上吐口水，故意將她的課本藏在資源回收箱裡，還要脅其他人不准跟她講話，否則後果自行負責。而更令人難以想像的是，劭威這孩子竟然會拿起飲料杯砸向眼前這有著一雙明眸，外型討人喜愛的小女孩?!

「劭威到底想幹嘛？他到底是要證明什麼事？這偏差行為到底是從哪裡學來

的？為什麼一連串的處罰都無法對他曉以大義？柯子晴又到底礙到他什麼，得受他如此對待？更何況，無論如何，劭威都沒有權利對班上任何同學如此！沒有人欠他！」媽媽心中一陣陣疑惑，久久未能退去。

遠離霸凌的祕訣指南

祕訣158 不願面對的真相
祕訣159 點出心中的脆弱
祕訣160 心平氣和不羞辱
祕訣161 保持耐心，釐清霸凌的動機
祕訣162 莫以暴制暴
祕訣163 嫌惡的代價與後果
祕訣164 修復「心」關係

祕訣 158

不願面對的真相

威脅、恐嚇、暴力，讓同學震懾，心生畏懼而害怕迴避，或許會讓霸凌者頓時感到自身存在的價值，有一種「操之在我」的控制感。

找同學麻煩，威風凜凜，看似走路有風，表面風光，但在這表象底下，**孩子的內心到底存在著什麼不願意面對的真相？**要釐清這點，我想，需要讓霸凌的孩子學會直視與面對深藏在心中的這一切。

當然，霸凌的孩子往往不會想聽，也不願去瞧見自己內心的那份脆弱。用霸凌掩飾一切，用霸凌浮現假象，至少對他來說，自我感覺會良好許多，也讓他膨脹、威風、壯膽許多。

否認、逃避，霸凌繼續，會讓霸凌者的日子在表面上好過一點。當然，這份「好過」往往讓受霸凌的孩子付出非常痛苦、不好過的沉重代價。但對霸凌者來說，又如何？

消弭霸凌，要讓孩子看見自己不願面對的真相，儘管他總是視而不見。

祕訣159 點出心中的脆弱

每個霸凌者，都有屬於自己的那一段故事——一段不願意、或害怕閱讀，不堪回首的故事。

每個人的故事不盡相同，但你會發現都有類似的交集，**在內心的脆弱與霸凌所表現出的強悍之間，有著強烈的落差。**

- 或許，自己也曾經是被霸凌者，然而現在卻反成為復仇者。
- 甚至於來自親近家人的暴力——目睹家暴者或受暴者。
- 對於權力與控制欲相當渴望，或許曾耳濡目染，或身受其害。
- 當然也可能意味著透過威脅、恐嚇、暴力，來掩飾自己在現實中的不足與匱乏。例如來自於能力、自信、自尊的低落，或人際上的害怕被冷落。

「劭威，我想每當你用暴力來恫嚇、威脅對方，看見對方苦苦哀求及痛苦不堪的神情，或許頓時讓你有股唯我獨尊的神氣感而志得意滿。但這感覺，卻很難掩飾你過去所經驗的同樣遭遇——被校外高中生欺負、攻擊的霸凌噩夢。復仇，雖然讓你心中的痛楚多少獲得了一些彌補，但你卻是轉而選擇對無辜同學的復仇。說真的，你覺得這公平嗎？」

祕訣 160

心平氣和不羞辱

要心平氣和地面對孩子的霸凌行為，無論對父母或老師都是一種必要的修持。

「你到底在搞什麼鬼？給我在外面耍什麼威風！丟盡我的面子！」

「有本事給我在那邊欺負人家，你就拿出本事來好好給我讀書！」

「恐嚇、威脅、動粗，了不起啊！你他媽的，小小年紀就給我來這套。是怎樣？想學幫派黑道，是不是？我告訴你，還早得很哩！」

羞辱孩子，對於問題的處理無濟於事，甚至於只會更加惡化孩子的霸凌問題。

想想看，羞辱，除了宣洩自己不滿的情緒，以及對自己教養或教學上的挫折之外，有什麼幫助？為什麼透過羞辱，就能改變霸凌孩子的行為模式？

帶著情緒想要幫助孩子，就如同提著汽油桶想要去滅火一樣，只會讓狀況更加糟糕，衍生出更多不必要的衝突與困擾。

如果你真的想要化解孩子的霸凌行為，請從「心平氣和不羞辱」開始。

秘訣161

保持耐心，釐清霸凌的動機

霸凌，沒有理由。但是，在處理霸凌上，我們卻需要**仔細地聆聽與釐清霸凌孩子背後的動機和原因。**

孩子可能常常會先敷衍你，以「不知道」迴避你的問題，或將責任都歸咎在別人身上。此時，請保持耐心，你需要更多的耐心來加持。耐心，讓孩子感受到你想要了解他、幫助他的決心。

釐清霸凌的動機，需要我們的抽絲剝繭。

秘訣162

莫以暴制暴

面對霸凌者，周圍的他人常常只能低聲下氣，牙癢癢地壓抑自己另外一股不滿與憤怒。對方如熊一般走來的威嚇能量，往往只能逼著大夥盡快往四處奔跑，或相互找掩蔽物，以求自保。

遇到這種情形，以暴制暴，讓霸凌者也嚐嚐該有的苦果，或許誰曰不可。但可以想見，當沒有真正去了解霸凌者的內心世界（謎之音：這也是為什麼霸凌者也有需要被協助、幫忙的地方），並尋求符合當事人情況的介入方式，以修復他與他人之間的關係，說真的，**以暴制暴，只是更強化霸凌行為的不斷衍生、複製、再衍生，陷入無間道裡的無盡輪迴，惡性循環不已**。

祕訣
163

嫌惡的代價與後果

當然，不以暴制暴，並不意味著霸凌者不需對自己的行為負責。無論霸凌者的內心如何脆弱，或在成長中有任何不堪的理由，沒有人，沒有任何一個孩子有義務要接受對方的霸凌。

對自己的行為負責，承擔該有的代價與後果，這是霸凌者得面對與接受的。至於代價與後果如何設定與拿捏，這部分每個孩子不盡相同。這關係到我們對於眼前孩子的了解程度，例如他所在意與嫌惡的代價和後果。

祕訣164

修復「心」關係

當霸凌的孩子承擔了代價與後果，或許某個程度抑制了霸凌行為的再出現，當然也可能只是短暫的消失。因此，如何**積極引導霸凌的孩子重新學習與修復和周遭他人的關係，這一點最是關鍵。**

●**真誠的關懷：**

這部分需要大人先身體力行，施以身教，真誠地傳遞你對他的關心。讓他能夠深切感受到你這份溫暖的關懷。或許是你專注的眼神、微笑、輕拍肩膀、搭肩、溫柔擁抱、傾聽他的感受、不說理的陪伴，適時地滿足他的內在需求等，都是化解孩子暴戾之氣的良方。

●**複製這份關懷：**

試著讓孩子也練習將感受到的關懷，傳遞給周遭的人。或許對方一開始會顯得畏懼、不自在而迴避，但是，鼓勵孩子堅持以對，讓對方感受到自己的這份真誠。

●**回饋好關懷：**

人與人之間的相處，當你釋出關懷給對方，對方接受到了、感受到了，同時也容易把這份關懷回饋給你，成為一種良善的循環。

修復「心」關係，就從關懷孩子做起。

問題三十
孩子遭受了霸凌怎麼辦？

叩叩叩、叩叩叩、叩叩叩，「有人在裡面嗎？」新達噗哧地笑出聲來，一旁的龐哥使了個眼神，新達使盡力氣將水桶裡的水往蹲式廁所裡潑灑進去。接著兩人裝模作樣地用拖把將地板上的水一來一回地擦拭後，回教室交差了事。門後的小餘像隻被雨水淋濕的小貓般，身體蜷曲在角落的垃圾桶旁，害怕地顫抖著，遲遲不敢走出廁所。

「小餘，你是不想念了是不是？竟然把評量拿去回收？」范老師高高舉起手上的部編數學學習評量，封面上被畫滿了潦草的塗鴉。「如果這次不是新達發現，我看你又要找藉口說作業不見了，是不是？」小餘低頭不語，雙手不時焦慮地搓揉著。新達則和龐哥相視而笑。

抽屜裡滿是一枝枝被折斷的筆、切成一小塊一小塊的橡皮擦，以及被揉成像一顆棒球似的紙團。小餘戰戰兢兢地攤開紙張，眼眶濕潤地望著上面寫著不堪入目的粗話及三字經，以及大大的字跡：「你給我小心一點，最好叫你爸媽幫你轉學！」

小餘獨自落寞地在走廊上徘徊著，班上同學則一窩蜂往操場看大隊接力比賽，吶喊、加油。「我警告你，最好不要讓我在操場上看見，否則後果自行負責。」龐哥在數分鐘前對小餘撂下狠話，而像小跟班似的新達也握著拳頭作勢揮出。

沒有人知道小餘在學校到底發生什麼事，當然也沒有人會特別關注到他。班上同學只覺得他總是喜歡一個人行動，平時也不太愛和人家說話。僅在老師強迫分組時，這位看似孤僻的同學，勉強才有小組成員會和他說上兩句關於分組的內容。

下午四點的放學鐘響，總算讓小餘心中的一塊石頭落了地。這也是他一天裡最感到輕鬆自在的時刻。沒有參加安親班的他，總是在第一時間往西側門快步跑去。這時，遠遠地可以瞧見龐哥和新達背著沉甸甸、快拖在地上的書包，面無表情地排在東側門等候安親班的交通車抵達。

小餘心裡不時納悶著：「為什麼龐哥和新達兩個人總是要如此對我？我到底哪

裡做錯了？」

望著被畫滿塗鴉的學習評量，同時摸著口袋裡那張被揉成一團的紙球，小餘的心糾結著，擔心他們倆明天不知道又會如何對付自己——時時處在害怕與不安的自己。

遠離霸凌的祕訣指南

祕訣165 沉默不是金
祕訣166 我沒有錯！
祕訣167 你希望我怎麼做？
祕訣168 往人群靠近
祕訣169 讓能量展現

祕訣 165

沉默不是金

霸凌的陰影，總是籠罩在被霸凌者的心頭上，漸漸地，也讓他沉默起來。沉默，多少反映了孩子內心的恐懼與不安。沉默，多少也意味著孩子的無力、無助與無奈。但沉默不是金，沉默反而讓霸凌者予取予求，更加變本加厲，讓霸凌無限展延。

然而，要讓受霸凌者跳脫沉默，開口說出「霸凌」這件事，他需要十足的勇氣，以及當下有著讓他感到安全、自在氛圍的環境。你的教室是否具備這樣的條件？你是否有時間讓孩子來和你說話？你的處理是否足以讓孩子感到安心？

然而殘酷的是，當孩子說出霸凌事件之後，如果連最親近的父母或老師都無法給予足夠的安全感，那麼他只好選擇沉默，這是一種「不得不」的無奈選擇。

沉默不是金，但請先給予孩子能夠勇敢開口的情境。如果大人都無法化解孩子之間的霸凌事件，那將是多麼情何以堪的事。

祕訣 166

我沒有錯！

請讓被霸凌的孩子知道一件事：無論如何，自己沒有錯。

「告訴過你多少次了，叫你不要自己一個人落單。誰叫你不聽，活該！」

「你有沒有想過，為什麼龐哥、新達不找別人，盡找你？是不是你自己也應該要檢討？」

「你就是在班上朋友太少，人際關係不好啦！你看，都沒有人願意伸出援手。」

這些話，請勿出現。這些話，只會讓被霸凌的孩子心裡更受傷。請記得，被霸凌不是因為自己犯錯！「我沒有錯！」讓孩子在內心裡大聲疾呼。

真的，你沒有錯。

祕訣 167

你希望我怎麼做？

面對霸凌，有時大人總是急於擺平。卻因這份「急」，而導致忽略了孩子的感受，忘了同理孩子的處境。有時，「急」讓處理過程多了粗糙，少了細膩，總是讓一旁被霸凌的孩子看得膽顫心驚，冷汗直流。

「龐哥、新達，你們兩個給我站起來！搞什麼鬼？告訴你們多少次了，不准給我欺負小餘。是怎樣？耍老大是不是？說不聽！給我過來跟他道歉，聽到了沒！」

我想，如果老師在大庭廣眾前，如此處理孩子之間的霸凌事件，只會讓問題更加惡化。給霸凌者難堪，有時只會造成被霸凌者處境更加艱難。

「小餘這個愛打小報告的，我看還是離他遠一點好了。」私底下，很容易造成其他同學之間的誤會而疏遠他。

當然，當眾被羞辱的霸凌者，如龐哥、新達，也不會讓小餘好過。有時，反而轉為「關係霸凌」，形成另一種排擠。「我跟你們講，只要誰和小餘說話，後果就自行承擔。」「龐哥，你的意思是說把他當成空氣？」

「你希望我怎麼做？」當你得知孩子被霸凌的訊息時，請先冷靜下來，讓孩子來告訴你，他希望怎麼做。如果眼前的孩子搖搖頭，自己並不清楚到底該怎麼辦，或許你可以清楚地告訴他：「如果你相信我，就讓我用我的方式來處理。」而**你的處理——應該是要讓孩子更安心**。

秘訣168

往人群靠近

霸凌者總是愛獵取落單的孩子，當獵物獨自一人杵在眼前時，便讓霸凌者虎視眈眈、磨刀霍霍和垂涎欲滴。引導孩子如何在平時學習保護自己免於受暴，是大人們必須進行的一道必修功課。

● **「哪邊人多，就往那邊走去吧！」**讓孩子懂得往人群靠近，人多勢眾（雖然這些人和自己不一定熟悉）多少可以抑制霸凌者囂張的氣焰。

● **「老師，你找我什麼事？」**二話不說，直接往老師的方向跑去。無論老師有沒有找你，只要霸凌者一出現，這齣戲碼就給他演下去。必要時，可以向迎面而來的老師求助，讓像龐哥、新達這樣的霸凌者識相地鳥獸散。

秘訣 169

讓能量展現

霸凌者總愛尋覓說話音量微弱、表現畏縮或看似懦弱的孩子當獵物——再次強調，這不是被霸凌者的錯，也不該成為被指責的理由。為了預防柿子專挑軟的吃，避免孩子總是成為霸凌者的盤中食物，**請多向孩子示範說話的方式、表達的體態及應有的姿勢。**

讓孩子學習，當面對霸凌者時，讓自己抬頭挺胸，放大自己說話的音量（想像前方擺放著有如演唱會等級的音響設備），放慢說話的速度，適時停頓，加強語氣、加重音，讓語句中充滿著力量。雖然，面對眼前的霸凌惡霸，孩子需要鼓起十倍、甚至於百倍的勇氣。

問題三十一 孩子目睹霸凌怎麼辦？

「啪！啪！」響亮的兩記耳光，突兀地從走廊盡頭堆放雜物的空教室裡傳了出來。在好奇心的驅使下，許木村探頭望了望，隱約瞧見在堆疊的紙箱後方，兩個看似高年級的身影正彎下腰來，雙手緊抓住蜷曲在地上的低年級同學胸口。

「我鄭重警告你，再給我耍白目看看。是怎樣？插隊你不爽是不是？」這時，其中一個人突然舉起右手作勢要巴下去。

這景象讓許木村嚇了一跳，雙手緊摀著自己的嘴巴，深怕發出一丁點聲音被發現，那自己就倒大楣了。

「該不該跑去告訴老師？」「不行，現在如果一跑，被對方瞧見那怎麼辦？」

「向前制止？」「這更不可能！」許木村低頭瞧了瞧自己的身材，他很清楚自己的斤兩。「難道就這樣放手不管？」「這……這……這有點違反道德，會對不起自己的良心耶！」許木村心裡矛盾著。

「幹！你以後給我注意一點！」高個兒一腳失誤踹到紙箱，發出砰的一聲，差點讓紙箱傾倒。許木村差點噗哧笑了出來，但仍然機警地抿著嘴。

「你最好下課就給我好好窩在教室裡，如果再讓我們遇到，到時候一樣賞你兩巴掌，幹！白目小屁孩！」這回，可以確認高個兒的腳果真往低年級的孩子身上踹下去。

在空蕩蕩的教室裡，斷斷續續傳來哭泣聲。許木村有些猶豫，為那被打的小朋友擔心，又心想要不要趕緊離開這多事的現場，把原先該去做的資源回收分類好。

經過一番天人交戰後，許木村牙一咬，心一橫，心裡嘀咕著：

「反正這又不關我的事，我只是不小心看到。如果這個低年級小朋友有怎麼樣，他的家長也一定會到學校來處理，我幹嘛插手管這些？嗯，不要給自己惹麻煩。」

他深深吸了一口氣，決定選擇掉頭，繞路，往資源回收場走去。

然而，他的心頭還是一直感到不安，如鯁在喉，這種怪怪的感覺讓自己很不舒服。平時他對資源分類得心應手，鐵鋁罐、塑膠類、寶特瓶、玻璃瓶、紙類，這回在分類時卻顯得有些魂不守舍。

「那個低年級的到底被打得怎麼樣了？我怎麼可以見死不救呢？」帶著些瑕疵的道德感又在他的心頭翻攪著，心，久久無法平復。

遠離霸凌的祕訣指南

祕訣170 心的矛盾與掙扎

祕訣171 正義的使者

祕訣172 挺身而出的勇氣

祕訣173 別成為默許霸凌的幫手

祕訣 170

心的矛盾與掙扎

當孩子目睹霸凌，無論是無意間撞見，或者湊熱鬧似的在旁觀看，眼前一幕幕霸凌者對被霸凌者的欺凌畫面，看在一旁孩子的眼中，心裡總是會激起漣漪，複雜的矛盾情緒油然而生。目睹的心，時時掙扎著。

當矛盾與掙扎不時在心裡翻騰，漸漸地，也可能造成目睹者想法的改變：「原來動手打人、大聲威嚇也是一種好的方法耶！」或者心裡會不時擔憂著：「我會不會是下一個受害者？」當然，在說與不說的拉扯之中，也讓他的心情久久無法平復。

目睹霸凌的孩子，不一定會主動和我們分享他心中的感受。畢竟一旦談了、聊了、說了，心中那根道德的線就會不自覺地被牽引著——為什麼我當時看見低年級的小朋友被欺負，卻對他見死不救、置之不顧？

當你嗅到孩子似乎正困擾於目睹霸凌這件事時，試著幫他說出心裡的感受吧！

「木村，媽媽可以感受到你心裡的矛盾及些許的罪惡感。這種感覺很自然，但卻讓你感到很困擾，甚至於心想早知道不要撞見就沒事，怎麼那麼倒楣。想幫又害怕幫的感受，一定讓你很掙扎。或許，說說你的感受與想法，會讓自己的心裡舒坦些。」

秘訣171

正義的使者

目睹霸凌者，心中多少有些負擔與壓迫感，一股聲音不時浮現：「你應該要有正義感才對啊！怎麼可以視若無睹，助長對方的霸凌行為！你的正義感到哪裡去了？」

正義感很容易說，但要將正義感展現出來，卻不是每個人都能夠做得到。**要讓孩子化身為正義的使者，至少應先讓孩子懂得保護自己，同時能夠有效地化解問題。**

正義的使者並非莽撞。向前制止？正如木村想到了自己的身材與斤兩，倒也不一定得這麼做。但正義的使者可以視狀況，想辦法讓眼前的霸凌行為不再繼續。

- 以迅雷不及掩耳的方式，就近找老師協助。（這招你的動作要俐落。）
- 刻意大聲嚷嚷：「老師好！主任好！」（這招風險高一些。）
- 閉上眼，深呼吸，跨步向前問：「大哥哥，請問這裡有大一點的紙箱嗎？老師請我過來找一找。」（這招需要十足的勇氣。）

無論如何，目睹的孩子選擇了自己認為該做的事，當正義感浮現，掌聲肯定會響起。

祕訣 172

挺身而出的勇氣

勇氣，需要醞釀。勇氣，需要實踐。勇氣，需要一點一滴的成功經驗累積。當勇氣浮現了，孩子會發現心裡變得更加舒坦。而要讓目睹霸凌的孩子挺身而出，則需要周圍人的支持。

「住手！你們這樣動手太過分了！」一個人要面對霸凌者說出這句話，是很需要勇氣的，甚至於可能會承擔霸凌者轉移對象向自己施以暴力。但是，如果旁邊有多一點點的人，**當挺身而出的是一群人時，或許孩子要說出這句話就相對安全與容易。當多數人都看不下去，同時以群體之力（嗯，說壯膽也行）要求霸凌者停止時，勇氣的能量就會更大。**

如果你是老師，請讓孩子們平時就來演練面對霸凌者的說話方式，包括：注視對方的眼神、表情的維持、說話的語調與音量、使用的字眼、身體的姿勢、動作、手勢、距離，或彼此站的位置與角度等。

祕訣
173

別成為默許霸凌的幫手

校園霸凌像是一個鐵三角，相互牽引著「霸凌者—被霸凌者—目睹霸凌者」三方的關係。這當中，任何一方的牽動，都會對霸凌鐵三角產生質變，而決定著霸凌繼續、緩和、停止，或加重。

讓目睹霸凌的孩子了解自己角色的關鍵性。倒不是說要強加道德感在這些孩子身上，而是讓他理解，**當目睹霸凌的自己像木村一樣，認為：「反正這又不關我的事，我只是不小心看到。」**而選擇了沉默、悶不吭聲，**以事不關己的態度看待這件事時，同時也是為霸凌者添加柴火，讓霸凌氣焰繼續燃燒。**

孩子可能會抱怨：

「我幹嘛插手管這些？我為什麼要給自己惹麻煩？」

從自我保護的立場來說，這樣的想法與抉擇是可以理解的。只是，孩子畢竟成長在人與人互動的群體社會。今天，我選擇了冷漠，人與人之間不再熱絡，彼此因為疏離而缺乏了溫度，但是這種冷漠也默許了霸凌者的特權。

假如有那麼一天，角色翻轉、互換，當目睹霸凌者的你也被霸凌了，成為在那空蕩蕩的教室裡，斷斷續續傳來哭泣聲的人，卻沒有人伸出援手，因為在這之前，我們都對霸凌選擇——沉默。

問題三十二
網路霸凌停看聽

「哇靠！我他媽的，阿偉，你還真賤，竟然連這張照片也把它貼上網。你是想要讓那孫小志在班上不用做人是不是？」文雄在一旁用左手指著電腦螢幕，問剛po上照片及留下不堪入目留言的阿偉。

「拜託，你是沒看到另一張更勁爆的嗎？」

「哎喲，你還真手下不留情耶！快快快，快秀出來給我看，該不會是露點或露鳥的吧？」

文雄起勁地慫恿著。

「還露鳥哩？是露大屁股溝啦！你忘了上回在廁所，一群人瞎起鬨，拱我爬到廁所上方偷拍那一次。」

「那一次哪叫偷拍？簡直就是正人光明的拍嘛！你還真敢哩！連這種照片也把它貼上去，不怕被告？」文雄瞪大眼望著螢幕。

「拜託，告誰？告幽遊白書的浦飯幽助？告亂碼SF5786943？告代號J？他哪知道是誰貼的啊！只要你這大嘴巴不說，就沒人知道啦！大不了擺個一天，二十四小時後刪除不就得了。」

「哇！我看你真的是跟孫小志有深仇大恨。不只貼這種難堪的照片，還留下這麼嗆、那麼辣、那麼酸的字眼在他的部落格上，你不怕把他嚇得屁滾尿流？」文雄帶著些許崇拜的眼神看著阿偉。

只見阿偉得意又略帶怒氣地說：

「我就是看他不順眼，幹！俗辣，死魚眼一個。我就是要給他罵個夠，照三餐給他罵個爽，讓他吃不下飯。」

「只是……你這麼做，真的不擔心被發現？」

「發現什麼？幹！你嘛拜託，我在網路上是不會用假帳號、假名字喲？虧你和我拜把這麼久了，竟然還不知道我的聰明才智。」

「只是……」文雄有些欲言又止。

「你別再只是了，放心啦！我告訴你，這幾個星期以來，我不知道貼了多少次，罵了多少回了，那個孫小志根本連吭都不敢吭一下。」

「可是……」文雄吞了吞口水，「如果這些不雅的照片被其他人下載、分享、備份或流傳，到時候傳到孫小志或班導還是教官那裡，那你不就倒大楣了。」

「誰怕誰啊！敢作就敢當啦！你以為我會怕啊！」

阿偉說得有些心虛。

「如果你真的不怕，那幹嘛還用虛擬帳號，不就是怕被認出來嗎？」文雄似乎踩到了阿偉心中的痛點。

「好啦！好啦！算你狠啦！露出大屁股溝的照片刪掉不就得了。」

「那麼關於塗鴉牆上，留給孫小志的那些粗話、三字經……」文雄點點頭，又繼續問著。

遠離霸凌的祕訣指南

祕訣174 小心虛擬讓自己越界
祕訣175 無法想像的病毒擴散
祕訣176 停格，自我覺察
祕訣177 不可不知的法律責任
祕訣178 面對網路風暴，以靜制動
祕訣179 敏銳察覺教室裡的風吹草動
祕訣180 調整與修正網路行為

祕訣174

小心虛擬讓自己越界

在網路上，使用匿名、改為代號，化作另一個身分，往往容易讓孩子不自覺地越過平時自我要求的界線，膽子大了些，說話衝了些，考量少了些，踩線多了些。透過網路的即時性、方便性與穿透性，很容易讓孩子少了更深刻的自我覺察，而迅速地化為影武者，透過網路來攻擊與霸凌對方。

虛擬，讓孩子產生了以為沒人看見自己所為的假象。這樣的觀念需要被打破，要明確讓孩子知道，**任何的網路留言，凡走過必留下痕跡。縱使自己是匿名躲在房間角落的螢幕前，網路警察要找上門也是非常容易的一件事。**

小心，敲門聲，可別嚇著你。

祕訣 175

無法想像的病毒擴散

或許，孩子以為自己很快地把威脅的留言或不雅照刪除，這樣就神不知鬼不覺，沒人知道自己的任意所為了。但很抱歉，請讓孩子了解在網路世界中，那股無法想像如病毒擴散般的效應。**雖然你刪除了，但在這之前，卻可能已被無止盡地分享、再分享，流傳、再流傳。**

祕訣 176

停格，自我覺察

面對螢幕與鍵盤，面對霸凌之心蠢蠢欲動，在複製、貼上、按下Enter鍵那一剎那，孩子需要停格——停下來，好好覺察自己當下的動作：**「我知道自己在做什麼嗎？」**

按下Enter鍵之後，滿足了霸凌的欲望或衝動。但同樣地，自己也將面對隨之而來的法律與責任。

祕訣 177

不可不知的法律責任

孩子或許很難想像，自己按下Enter鍵之後，隨之而來的法律責任可能將排山倒海而來。

「可是在這之前，我並不懂法律啊！我怎麼知道後果這麼嚴重？」很抱歉，縱使你有許多因為無知所帶來的委屈，但終究還是得面對不可不知的法律責任。

隨著網路霸凌的形式殊異，相對地也牽動著不同的法律責任。請讓孩子知道，公然侮辱罪、誹謗罪、恐嚇罪、妨害風化罪或妨害祕密罪等，小心隨時上身。與其讓法官來讓孩子懂，倒不如父母先讓孩子自己知道法律的概念，以遏止或消弭他原先想霸凌的念頭。

提醒孩子，不要誤踩法律，而和自己的未來與自由過不去。

秘訣178

面對網路風暴，以靜制動

當孩子面對網路霸凌的言語威脅時，請提醒孩子「以靜制動」，**切記先不做任何留言或回應。**

協助孩子將對方的網路留言或圖片，按下鍵盤上的快速鍵「Print Screen」（即鍵盤右上方的「PrtSc SysRq鍵」），將畫面擷取及儲存下來，以做為後續保護自己及介入處理的證據。

秘訣179

敏銳察覺教室裡的風吹草動

當網路霸凌在班上或校內流傳，無論是霸凌者、被霸凌者或知道網路霸凌訊息者，都在班上。建議老師**平時多敏銳察覺及留意班上同學的一舉一動**，因為任何風吹草動，都有助於讓我們有機會在最快時間了解及掌握網路霸凌的狀況。畢竟，關於網路霸凌，孩了們不一定會讓你我知道。

祕訣180
調整與修正網路行為

當孩子是網路霸凌的始作俑者，身為父母的你，在驚訝、羞愧或怒不可抑的情況下，可能斷然決定將孩子的電腦、網路、手機或任何3C產品都予以限制、沒收或移除。但說真的，如此禁止使用的做法，卻是一項不可能的任務。反正家裡沒有，走出家門即唾手可得。

3C產品與網路本身沒有錯，錯在孩子使用這些媒介的方式。因此，**與其制止，倒不如讓孩子重新調整使用這些媒介的行為與態度。**當然，先前容易讓孩子流連，與誘發孩子出現網路霸凌的社群或遊戲網站，需要我們大人的篩選與過濾，特別是當孩子的網路行為無法自律時。

國家圖書館預行編目資料

爸媽忘記教我的事？——愛朋友也愛自己，教孩子受用一生的人際力／王意中著
--初版.--臺北市：寶瓶文化, 2015.1
面； 公分.--(catcher；72)
ISBN 978-986-5896-98-0（平裝）

1.親職教育 2.子女教育 3.人際關係

528.2 103026565

catcher 072

爸媽忘記教我的事？——愛朋友也愛自己，教孩子受用一生的人際力

作者／王意中 心理師

發行人／張寶琴
社長兼總編輯／朱亞君
副總編輯／張純玲
資深編輯／丁慧瑋 編輯／林婕伃
美術主編／林慧雯
校對／丁慧瑋・劉素芬・陳佩伶・王意中
營銷部主任／林歆婕 業務專員／林裕翔 企劃專員／李祉萱
財務主任／歐素琪
出版者／寶瓶文化事業股份有限公司
地址／台北市110信義區基隆路一段180號8樓
電話／(02) 27494988 傳真／(02) 27495072
郵政劃撥／19446403 寶瓶文化事業股份有限公司
印刷廠／世和印製企業有限公司
總經銷／大和書報圖書股份有限公司 電話／(02) 89902588
地址／新北市五股工業區五工五路2號 傳真／(02) 22997900
E-mail／aquarius@udngroup.com

法律顧問／理律法律事務所陳長文律師、蔣大中律師
如有破損或裝訂錯誤，請寄回本公司更換
著作完成日期／二〇一四年十一月
初版一刷日期／二〇一五年一月十三日
初版三刷日期／二〇二一年三月十九日
ISBN／978-986-5896-98-0
定價／三二〇元

愛書人卡

感謝您熱心的為我們填寫，
對您的意見，我們會認真的加以參考，
希望寶瓶文化推出的每一本書，都能得到您的肯定與永遠的支持。

系列：Catcher 072　**書名：爸媽忘記教我的事？——愛朋友也愛自己，教孩子受用一生的人際力**

1. 姓名：＿＿＿＿＿＿　性別：□男　□女
2. 生日：＿＿年＿＿月＿＿日
3. 教育程度：□大學以上　□大學　□專科　□高中、高職　□高中職以下
4. 職業：＿＿＿＿＿＿
5. 聯絡地址：＿＿＿＿＿＿＿＿＿＿＿＿

   聯絡電話：＿＿＿＿＿＿　手機：＿＿＿＿＿＿
6. E-mail信箱：＿＿＿＿＿＿＿＿＿＿

   □同意　□不同意　免費獲得寶瓶文化叢書訊息
7. 購買日期：＿＿年＿＿月＿＿日
8. 您得知本書的管道：□報紙／雜誌　□電視／電台　□親友介紹　□逛書店　□網路

   □傳單／海報　□廣告　□其他
9. 您在哪裡買到本書：□書店，店名＿＿＿＿＿＿　□劃撥　□現場活動　□贈書

   □網路購書，網站名稱：＿＿＿＿＿＿　□其他＿＿＿＿＿＿
10. 對本書的建議：（請填代號　1. 滿意　2. 尚可　3. 再改進，請提供意見）

    內容：＿＿＿＿＿＿＿＿

    封面：＿＿＿＿＿＿＿＿

    編排：＿＿＿＿＿＿＿＿

    其他：＿＿＿＿＿＿＿＿

    綜合意見：＿＿＿＿＿＿＿＿＿＿＿＿＿＿
11. 希望我們未來出版哪一類的書籍：＿＿＿＿＿＿＿＿＿＿

讓文字與書寫的聲音大鳴大放

寶瓶文化事業股份有限公司

（請沿此虛線剪下）

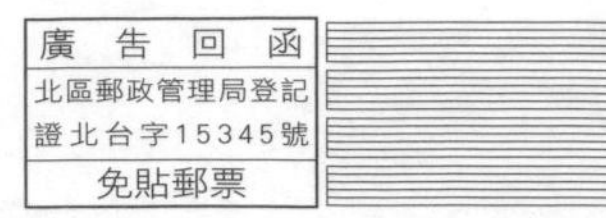

寶瓶文化事業股份有限公司 收

110台北市信義區基隆路一段180號8樓

8F,180 KEELUNG RD.,SEC.1,

TAIPEI.(110)TAIWAN R.O.C.

（請沿虛線對折後寄回，或傳真至02-27495072。謝謝）